记住乡情

——嘉北故事二

嘉兴市秀洲区政协文教卫体与文史委员会
嘉兴市秀洲区人民政府嘉北街道办事处

编

北京燕山出版社
YSP BEIJING YANSHAN PRESS

嘉 北 赋

（代序）

　　江南嘉郡，水秀景明。昔望吴、通越门外，方圆八九里，名曰"嘉北"。始称为乡，今成街道。溯之已历六十余载矣。[1]

　　嘉北之地，禹贡扬州。春秋勾吴之邦，秦属长水由拳，汉后禾兴嘉兴，明清治于秀水。唐建乡制，寓于"永乐"。

　　乡土芬芳，民风淳朴。村坊似棋，夕照袅袅炊烟；河浜如网，拾级座座小桥。桑园茂盛，可见蚕丝之丰；修竹竞翠，尽享玉笋之美。

　　京杭运河，北来平望，过杉青闸，经落帆亭，折至三塔湾，环抱境之左前，奔石门而远去；新塍塘水，西从澜溪，入柿林[2]镇，绕九里汇，流出栅堰桥，穿越境之中间，融漕河[3]于一体。

　　穆湖一溪，自然所赐。舟傍绿柳，日映红荷。鲈鱼媲于松江，菱角佳于鸳湖。架津梁[4]以开通衢，建园林[5]以供休闲；漾状石臼，亦自天成。西距一

---

[1] 1956成立嘉北乡，始以"嘉北"命名。
[2] 即新塍，新塍曾称柿林。
[3] 即运河。
[4] 指穆湖溪上两座桥梁。
[5] 指穆湖生态公园。

箭,辟为湿地。朝霞辉映兼葭,碧水倒影白鹭。一级水源保护区,蓄水净化保障地。

洪波文化主题公园,依水而设,景致优雅;友谊红柱绿瓦牌楼,跨街而立,风格别具。

改革发展,各业腾飞。商贸崛起,楼宇鳞栉。崇德尚学,乡贤树楷。四方云集,同沐春风。君不闻"山不在高,有仙则名;水不在深,有龙则灵"①乎?"宜居乐业新嘉北,生态绿色北大门"②,欣逢盛世,感慨系之。

是为赋。

(赵忠良)

---

① 引自唐刘禹锡《陋室铭》。
② 引自街道汤瑞林书记《工作汇报》。

目 录

第一章 岁月印记

第二章　亲历亲闻

第三章　人物采撷

第一章
岁月印记

历属永乐　今为嘉北
——境域沿革略述

嘉北街道东临古运河与塘汇街道相望；南与南湖区新嘉街道、新兴街道、城南街道相邻；西接新城街道；北连王江泾镇。境内有苏州塘、杭州塘、穆河溪、新塍塘、北郊河等河道，以及320国道、东升路、昌盛路、中环路、城北路等公路，水陆交通发达。随着全面改革开放的步伐，境内土地被征用开发，工业、商贸业迅速崛起，诸多经济、金融、文化、新闻等机构入驻，大型楼宇鳞次栉比，成为嘉兴经济技术开发区（国际商务区）核心区域。

嘉兴地方素有嘉北、嘉南之称，而无嘉东、嘉西之说。嘉南至凤桥与王店濮院一带，而嘉北范围则远至今之江苏平望、震泽一带。当然，这是历史上"嘉北"的地域概念。我们这里所说的"嘉北"则是1956年嘉北乡的境域，为嘉兴城西北之十余里方圆。

嘉北境域，秦时属由拳县，东汉三国以后属禾兴县、嘉兴县。自唐代在县政权以下设置乡村基层组织始，嘉北大部分归属于嘉兴县（秀水县）之永乐乡。永乐乡的南境达陡门一带，当年苏轼三过本觉寺，作了《本觉寺文长老方丈三首》诗，其第二首和第三首的诗题，分别是《夜至永乐长老院，文时卧病退院》和《过永乐文长老已卒》。题中的"永乐"即指永乐乡。永乐乡的称谓直至民国二十三年（1934）才消失，其域为双北、双中、双南、双桥四乡所取代。境域西北极小一部分归属复礼乡。复礼(又称伏礼、复里)乡,终于民国三十八年(1949)。民国二十一年(1932)的嘉北境域为嘉兴县双中乡、双南乡。双中乡驻地顾家浜,下辖顾家浜、殷家浜、范家屯、金鱼桥、沈家桥等保;双南乡驻地小殷家桥,下辖殷家桥、范家浜、北义庄、陶家桥(原属嘉秀镇即城区)等保。民国三十六年(1947)至1949年这段时间,嘉北境域是双桥乡的一部分,归属于塘汇区,乡公所驻地在顾家浜。

中华人民共和国成立初期(1949年11月至1950年5月),嘉北境内分别成立马河乡、双南乡,隶属嘉兴县塘汇区。马河乡辖殷秀村(原属学绣乡)、三塔村、百花村、陶家桥村、收藏村、复兴村;双南乡辖芳宇村、明盈村、永德村、万雁村,两乡共分设21个代表区。至于这些村名是1949年后新定还是旧有,恕无考证。

1956年,马河、双南两乡和双桥乡的五个代表区,合并组建嘉北乡。以"嘉北"命名乡级行政区划自此而始。那么,何以"嘉北"命名呢?是谁首先提出?皆无法知道。但是,早在此前的1951年,双南、马河、新南三乡的供销社合并时称为"嘉北供销社",翌年归属塘汇供销社时称为"嘉北总站",皆出现了"嘉北"字样。由此,命名"嘉北"的原因揣测有两个:一是地望的因素,在嘉兴城之北;二是有供销社等名称作为参照。故"嘉北供销社""嘉北总站"等称谓应该是"嘉北乡"命名的前奏。

1958年10月,在成立人民公社期间,嘉北并归双桥公社,原嘉北乡境域分设第一、第二两个耕作(管理)区。1961年4月从双桥公社析出,成立嘉北公社。

自嘉北乡(公社)组建以来,在长达近半个世纪的时间内,下辖三塔、和殷、殷秀、百花、吴家桥、陶家桥、亭子桥、顾家浜、义庄、南陶浜、收藏、宇四浜、金鱼桥、沈家桥、新兴(木桥港)、水产(渔民)16个生产大队(村)的状况基本不变。1983年,还包括被撤销的嘉兴县农牧场,当时改名"东风大队"(有关农牧场,详见本书《嘉兴县农牧场》一文)。其中规模最大的是陶家桥大队(村),有398户;最小的是义庄大队(村),仅195户。

20世纪60年代末实行的大合并,不但合并大队,同时还合并生产队。到了1982年前后,生产队(组)进行调整。与前之合并相反,这次是本着自主协商的原则,朝着规模偏小、兼顾便利的方向调整。例如,当时的木桥港大队,本来10个生产队,调整为18个,仅两个队没有变动。经过调整产生了一个有趣的现象:最大的生产队(组)属百花村的2组,63户;而最小的为木桥港村的18组,仅11户。

嘉北街道办事处

　　1984年1月,恢复嘉北乡建制,隶属城区(秀城区)。各大队同时恢复为村。由于城市的建设与区域的调整,2001年,在嘉北乡的基础上组建嘉北街道。至2010年,区域面积14.30平方公里,相较于1956年28.40平方公里(42596亩的耕地面积)而言,"瘦身"不少,可谓是"小嘉北"了。

附:原嘉北乡16个村的沿革(至2010年)

　　和殷村　村委会位于常住桥。1949年后建政时,属双南乡殷秀村,后为马河乡第二、第三代表区。1956年,为嘉北乡第一高级社。1958年10月建立殷秀大队。1961年从殷秀大队分出,单独成立和殷大队。1966年改名红旗大队。1968年并入曙光大队,1971年分开,仍称红旗大队,1981年复名和殷大队。1984年改为和殷村。后土地被开发征迁,2010年,无耕地面积及村民小组,户籍10户、人口11人。

亭子桥村 村委会位于匠人浜。1949年后建政时,为双南乡万雁村(部分属永德村),后为第十二、第十三代表区。1956年,为嘉北乡十五社。1958年建立亭子桥大队。1961年分为亭子桥、义庄2个大队。1968年并入三红大队,1971年分开,改名丰收大队,1981年复名亭子桥大队。1984年改为亭子桥村。2010年,耕地面积5.53公顷,下辖13个村民小组,户籍183户、人口394人。

吴家桥 村委会位于吴家桥。1949年后建政时,为马河乡复兴村,后为第十三代表区。1956年,为嘉北乡第三高级社。1958年,为西马桥大队。1961年,西马桥大队分为吴家桥、百花、西马桥(东升)3个大队。1966年改为向阳大队。1968年并入先锋大队,1971年分设,仍称向阳大队,1981年复名吴家桥大队,1984年改为吴家桥村。后土地被开发征迁,2010年,无耕地面积及村民小组,户籍39户、人口59人。位于五组的欧阳楼,昔有欧阳尚书墓古迹,史谓"文忠公(欧阳修)之后居其旁者",今遗迹早废。

百花村 村委会位于太平桥。1949年后建政时,属马河乡,后为第六代表区。1956年,为嘉北乡第九社,5月组建第三高级社,1958年改为西马桥大队。1961年西马桥大队分为百花、吴家桥、西马桥(东升)三个大队。1968年并入先锋大队,1971年分开,仍称百花大队,1984年改为百花村。后土地被开发征迁,2010年,无耕地面积。下辖5个村民小组,户籍35户、人口46人。

南陶浜村 村委会位于甘草浜。1949年后建政时,为马河乡复兴村,后为第十一代表区。1956年为嘉北乡第六高级社。1958年为欧阳楼大队。1959年与收藏大队合并为化龙桥大队。1961年两大队分开,改称南陶浜大队。1966年更名为胜利大队。1968年并入光辉大队,1971年分设,仍称胜利大队,1981年复名南陶浜大队。1984年改为南陶浜村。2010年,耕

穆湖新貌

地面积37.33公顷。下辖10个村民小组,户籍279户、人口631人。

陶家桥村 村委会位于倪家浜。1949年后建政时,属马河乡,后改为第八、第九代表区。1956年为嘉北乡第四高级社。1958年为陶家桥大队。1968年并入光辉大队,1971年分设,改名为光明大队,1981年复名陶家桥大队,1984年改为陶家桥村。后土地被开发征迁,2010年12月陶家桥村行政建制被撤销。至年末,无耕地面积及村民小组,户籍276户、人口534人。2009年,在穆河溪畔建设穆湖长岛森林公园一座。

顾家浜村 村委会位于顾家浜。1949年后建政时,为双南乡万雁村,后为第七代表区。1956年为嘉北乡第七高级社。1958年为顾家浜大队。1966年改为人民大队。1968年并入三红大队,1971年分设,仍称人民大队,1981年复名顾家浜大队,1984年改为顾家浜村。2008年,在北郊河以外面积约66.67公顷的村域划归新城街道接管。后土地被开发征迁,2010年无耕地面积。下辖13个村民小组,户籍325户、人口809人。域内的万兴桥始建于清嘉庆年间,为秀洲区文物登录点。

三塔村 1950年,为双南乡三塔村,1953年,改属马河乡第四代表区,

1956年,为嘉北乡第二高级社。1958年,为嘉北公社三塔大队。1960年,划入嘉兴市人民公社。1961年,分为三塔、三星2个大队。1963年,划回嘉北公社。1966年,三塔、三星(后改为红星,1981年划归秀水公社)合并为红卫大队。1968年,并入曙光大队,1971年,分开仍名红卫大队。1981年,改名三塔大队,1984年,复名三塔村。2001年撤销。

殷秀村 1950年,为双南乡殷秀村,1953年,为马河乡第一、第二、第三代表区。1956年,为嘉北乡第一高级社。1958年,为殷秀大队。1966年,改为红光大队。1968年并入曙光大队,1971年,分开仍名殷秀大队。1984年,复名殷秀村。2001年,划归新城街道。

义庄村 1950年,为双南乡永德村,1953年,双南乡第十二代表区。1956年为嘉北乡十五高级社,1958年,为亭子桥大队。1961年,分为义庄、丰收(亭子桥)2个大队。1966年改名立新大队。1968年,并入三红大队。1971年,分开仍名立新大队。1981年,改名义庄大队。1984年定名义庄村。2004年,划归新城街道。

收藏村 1949年,为马河乡收藏村,1953年,为马河乡第十代表区。1956年为嘉北乡第五高级社。1958年,为收藏大队。1959年,与欧阳楼大队合并为化龙桥大队。1961年,分开仍名收藏大队。1967年改名永丰大队。1968年,并入光辉大队。1971年,分开仍名永丰大队。1981年复名收藏大队。1984年定名为收藏村。2001年,划归王江泾镇。

宇四浜村 1950年,为双南乡芳宇村,1953年,为双南乡第四、第五代表区。1956年为嘉北乡第九高级社。1958年,为宇四浜大队。1966年改名前进大队。1968年,并入光辉大队。1971年,分开仍名前进大队。1981年,复名宇四浜大队。1984年,定名宇四浜村。2001年,划归王江泾镇。

金鱼桥村 1950年,为双南乡芳宇村。1953年,为双南乡第六代表区。1956年为嘉北乡第六高级社。1958年,为金鱼桥大队。1966年,改名勤俭大队。1968年,并入东方红大队。1971年,分开并改名伟民大队。1981年,复名金鱼桥大队,1984年定名金鱼桥村。2001年,划归王江泾镇。

沈家桥村　1950年，为双南乡明盈村。1953年，为双南乡第八、第九代表区。1956年，为双南乡七社和前进社，后两社合并为双南乡十三高级社。1958年，为沈家桥大队。1966年，改名跃进大队。1968年，并入东方红大队。1971年，分开仍称跃进大队。1981年复名沈家桥大队，1984年定名为沈家桥村。2001年，划归王江泾镇。

木桥港村　1950年，为双南乡永德村；1953年，为双南乡第十、第十一代表区。1956年，为嘉北乡第八社和第十四社。1958年，为楼房大队。1960年改名新兴大队。1968年，并入东方红大队。1971年，分开仍名新兴大队。1981年改名木桥港大队。1984年定名木桥港村。2004年，划归新城街道。

渔民村（水产大队）　1968年，由政府拨款，在原嘉兴农牧场划出的地块上（位于金堂桥，今属新嘉街道）建房，成立嘉北水产大队。1984年，改称渔民村。2001年9月撤销。

（赵忠良）

创办运作　归属调整

——嘉北工业园区

　　1997年,嘉北乡根据塘汇工业园区[①]的开发运作模式,在东至北海路,南至昌盛路,西至雁东港,北至新320国道的420亩土地上,创办了嘉北工业园区。同时组建相应的管理机构和运作主体,即园区管理委员会。

工业园区一期

　　嘉北工业园区一期工程,规划开发面积420亩,其中基础设施及绿化占地面积43亩。投入基础设施建设资金1000万元,建成华云路、北海路和华云桥、北海桥,以及园区内相配套的给排水、电力、通讯、绿化、亮化、交通标志、标线等工程。基础设施的及时配套建设,使工业园区招商引资局面呈现出良好的势头。1998年,有总投资400多万元的新世纪卫生设备厂、总投资800万元的佳忠生化厂两家企业落户园区并进行前期准备工作;同时,工业园区五千多平方米的标准厂房已准备动土。嘉北工业园区,处于上海、嘉兴、杭州交通必经之处,具有得天独厚的地理优势。况且依托市经济

---

① 塘汇工业园区建于1994年。当时将其定位为嘉兴市经济开发区的配套区即私有企业开发区。后来,根据市经济开发区的总体思路和要求,塘汇街道建立工业园区管理委员会和工业园区投资开发公司,即以经济手段驱动园区开发建设的经济实体。

开发区,并利用其在外的知名度,成为嘉兴招商投资的热点。

2000年,工业园区一期240亩土地全部出让(平均每亩出让价7.3万元)。引进企业25家,投资生产19家;引进资金1亿元左右,其中外资190万美元;产品生产以家具、卫生洁具、服装、蜡艺、电子、工艺品为主。2000年年底实现产值1.22亿元,销售收入1.19亿元,税金488万元,利润358万元,分别占全乡的20.99%、21.67%、31.61%、50.78%。

2001年4月份,秀洲区行政区划进行调整,在原嘉北乡的基础上组建了嘉北街道。当时嘉北街道所呈现的特点可概括为如下四个方面:一是既要加强社区建设,又担负着指导农村的各项工作;二是以二产为主,一二三产业共同发展的经济新格局;三是直接参与城市建设、管理、服务等工作;四是致力工业园区建设,为社会和各项事业的发展提供经济保障。

嘉北工业发展从这里起步(原嘉北工业园区一期)

工业园区二期

2000年上半年,工业园区一期基本结束。二期筹备工作随之提上了议事日程。拟建于北郊河之西的义庄村和木桥港村,开发面积6600亩。预计基础设施建设资金投入3亿元,集聚人口2万人,提供就业岗位2万个,引进企业100家,年工业产值30亿元,年实现税利3亿元。由于此处正当城市的通风口和石臼漾水厂取水之上游,按照城市建设规划的总体要求,委托省规划设计院进行高起点的规划设计,详规经市、区有关部门会审、论证通过。二期工程将宽带网建设列入规划,从而为企业上网,开展电子商务提供方便。工业园区二期本着"一项规划,分步实施,逐步推进,滚动发展,自求平衡"的思路发展,计划到2006年开发建设工作基本结束。

2001年下半年,2200亩面积开发建设热火朝天地进行。其中规划工业用地618亩,商贸用地110亩,仓储用地68亩,生态绿地635亩,拆迁住宅用地250亩。2002年上半年,入驻企业26家,累计引进外资122万美元,固定资产原值6244万元,职工人数1832人,营业收入13350万元,利润总额241万元,实交税金210万元,出口产品交货值4577万元。

工业园区二期纳入秀洲新区管委会管理

秀洲区委区政府[2003]16号文件《关于进一步完善秀洲新城管理体制的通知》,根据市委市政府[2002]12号文件精神,秀洲新城规划范围内的嘉北工业园区二期所辖区域(包括嘉北街道九里村)纳入秀洲新城(新区)管委会开发、建设、管理,所辖区域的嘉北街道义庄村、木桥港村、九里村委托给秀洲新城(新区)管委会管理。

撤销嘉北街道工业园区管委会,设立嘉北招商部

为了贯彻落实浙办发[2003]64号《关于清理整顿各类开发区加强建设用地管理的通知》和市政府有关会议精神,按照清理各类开发区"禁、撤、整、改、扩"五个字的要求,嘉兴经济开发区管委会结合实际情况,于2003年11月10日,以嘉开管发[2003]564号文件发出《关于撤销城南、嘉北、塘汇街道工业园区的通知》。具体事项如下:

一、撤销城南、嘉北、塘汇街道工业园区管委会，撤销对外办公的牌子，收取各园区管委会的公章，取消各园区管委会一切对外业务和广告宣传等职能。此项工作务必于2003年11月底前完成。

二、统一规划。三个街道工业园区纳入开发区总体规划，由开发区城建局实行统一规划编制和规划管理。

三、统一建设。三个街道工业园区基础设施和配套设施纳入开发区建设整体规划。

四、统一招商。为充分调动三个街道招商引资的积极性，分别设立嘉兴经济开发区招商局城南招商部、嘉北招商部、塘汇招商部。三个招商部分别负责本街道范围内的招商引资工作，并接受开发区管委会的统一领导。

五、统一管理。三个街道工业园区的各项经济社会事务，由嘉兴经济开发区党工委、管委会实行开发区范围内统一部署、统一管理。

2003年12月9日，嘉北街道工业园区管委会的公章，由经济开发区管委会办公室会同土管分局负责收取。所提交的交接清单一式三份，管委会办公室、土管分局、嘉北街道办事处各执一份。

2010年，工业园区（一期规划区域）情况

园区内共有企业25家，其中嘉兴市良商纸业工贸有限公司、嘉兴市民和工贸有限公司、嘉兴市安达汽车运输有限公司及嘉兴同仁物资有限公司等四家为三产企业。在21家工业企业中，规模以上企业有六家，分别是：浙江雅莹服装有限公司、浙江爱神蜡艺有限公司、嘉兴市华燕时装有限公司、天地家具饰品（嘉兴）有限公司、嘉兴市和展鞋材有限公司、嘉兴市弘发机动车配件有限公司，职工总数3910人；工业总产值161810万元，其中规模以上企业153633万元；销售收入125568万元，其中规模以上企业117487万

元;实交税金总额9962万元,其中规模以上企业9765万元;利润总额21038万元,其中规模以上企业21038万元。

（赵忠良）

兴学重教　与时俱进

——嘉北的教育事业

开办夜校　坚持扫盲

中华人民共和国成立之初，国民的文盲率为80%，农村达95%。面对如此高的文盲率，政务院于1953年发出《关于扫盲标准、扫盲毕业考试等暂行办法的通知》。规定的扫盲标准是，干部和工人一般能认识2000个常用字，能阅读书报，能写二三百字应用短文；农民一般能识1000个常用字，大体上能阅读通俗书报，能写常用的便条收据；城市劳动人民一般能识1500个常用字，读、写标准参照工人、农民的标准。于是一场轰轰烈烈的扫除文盲运动在全国展开。扫盲班遍布工厂、农村、部队、街道，人们以前所未有的热情投入到学习文化的高潮中。据统计，从1949年到1964年的十几年中，先后有近一亿中国人从中获益，摘掉了文盲的帽子，这可是一件了不起的事情。

当年嘉北农村也举办过好多夜校扫盲班。据我父亲回忆，当年他参加在沈家桥(今属王江泾镇辖区)张家浜的扫盲班。授课老师年纪很轻，好似学生模样(事实正是抽调中学生担当扫盲任务)。发了一本教材，先是教二十几个注音字母，如：ㄅ(波)ㄆ(坡)ㄇ(摸)ㄈ(佛)等(因《汉语拼音方案》尚未推行）。学员来自附近的一带，一般都是年轻人。其中有一位与我父亲一起去的学员，对注音字母领会得非常快，名列全班第一。扫盲期间还教唱歌曲，是《歌唱二郎山》和《南泥湾》。

扫盲是一项长期坚持的工作。20世纪70年代，嘉北乡（公社）仍然有夜校。新兴（木桥港）、亭子桥大队以共青团员为骨干，开办了团夜校；南陶浜、收藏和宇四浜大队合作开办了农业技术夜校；顾家浜等大队开办了生产队长业余夜校。夜校形式丰富，学习内容各有侧重，办得有声有色。

在扫盲（对农民进行业余文化知识教育、扫除青壮年文盲）的同时，更重视"堵盲"（即不让学龄儿童流失以致产生新的文盲）。这样双管齐下，到1984年10月，嘉北全乡学龄儿童入学率为98.91%；入学儿童巩固率为99.64%；毕业班学生毕业率为99.5%；共扫除文盲164人，非文盲比例达88.69%。经嘉兴市政府验收组实地验收，确认嘉北乡为"实现普及义务教育乡"和"无盲乡"。

2001年11月，嘉北街道成立"成人教育管理委员会"和"校务委员会"，继而成立秀洲区嘉北街道成人文化技术学校。成人教育具有新时代的特色，层次不仅是"扫盲"了。2002—2003年期间，在落实省"千万农民培训"项目中，开办了多人（次）农民电脑培训班。2010年后，有老年电大教学点九个，分春秋两季招收学员，教学内容为举办健康讲座以及越剧、太极拳培训等。

发展教育　调整学校

嘉北（公社）乡在党和政府发展教育事业的方针指引下，为便于一方学龄儿童就近上学，从1949年到1970年期间，在域内设了十多所小学，分布于顾家浜、沈家桥、西马桥、金鱼桥、德芳桥、长浜、毛脚墩、庙浜、楼房、纽家桥、义庄、桥头港、小姚坟、古莲庵、殷家浜、贤圣庙等地。

这里还有一段插曲：1967年前后，鉴于农村小孩多，仅村里的学校难以满足学龄儿童的入学需求的实际情况，嘉北（公社）乡各村实行生产队自办小学,聘用有一些文化水平的社员以及下乡的知识青年当老师。队办小学延续了三五个年头而终止。

1976年,嘉北(公社)乡有小学17所,校舍落实在各(大队)村部。东为顾家浜的人民小学(后称嘉北乡中心学校)、西马桥的东升小学、长浜的永丰小学、陶家桥的光明小学、吴家桥的向阳小学、百花的百花小学;南为红星的红星小学、三塔的红卫小学、土地庙的红旗小学、冯家浜的红光小学;西为北义庄的立新小学、亭子桥的丰收小学、范家浜西的新兴小学、沈家桥的跃进小学;北为金鱼桥的伟民学校、德芳桥的前进小学、甘草浜的胜利小学。同时,增设中学(初中)七所:杨家桥的东方红中学、甘草浜的胜利中学、东升(西马桥)的先锋中学、土地庙的曙光中学、冯家浜的红光中学和光辉桥北的光辉中学。顾家浜的人民中学兼设高、初中。

随着城市规模的扩大和土地被征用,嘉北部分农村村民转为城市居民,以致生源不足,故有些学校或被撤销或被合并,如1986年9月撤销三塔村小学;10月,百花村小学并入市区百花小学。此外,加上区域调整等原因,至1990年,域内共有10所学校:即嘉兴市嘉北中学、嘉北乡中心小学以及南陶浜、宇四浜、沈家桥、金鱼桥、木桥港、和殷、殷秀、陶家桥小学。

20世纪90年代,由于多年来农村硬性实行一胎的计划生育政策,出生率大幅度降低而引发学生生源的大幅度减少。嘉北域内学校的格局因此有了较大的调整。首先是合并,如将沈家桥小学与金鱼桥小学合并组建"金跃小学";将和殷小学与殷秀小学合并组建"秀和小学"。其次是撤销部分村小学,如撤销南陶浜、宇四浜和木桥港小学,学生都到嘉北乡中心小学就学。这样,2000年始,嘉北域内的学校共有5所,分别是:嘉北中学、嘉北乡中心小学、金跃小学(2001年起,因区域调整划入王江泾镇)、秀和小学和陶家桥小学。

由于秀和小学地块要建造秀洲区行政中心,政府将秀和小学安排在大润发之北。2000年上半年新校舍落成。2003年4月,秀和小学改名为"秀洲实验小学"。

耸立在阳光小学的中国航天火箭模型

2007年,根据嘉兴市区中小学布局规划,建立嘉兴市阳光小学(校址位于嘉兴市禾兴北路1015号)。作为它前身的陶家桥小学,从此完成历史使命。阳光小学初建时,设有教学班7个,在校学生280人,教职员工22人,其中专职教师16人。

阳光小学树立"创特色、争一流"的办学理念,逐步形成以"放飞科学梦想,扬起理想风帆"为主题,以省级立项课题《创建科技教育特色,培养学生科学素养的实践研究》为主线的航天科技教育特色。特聘全国《太空探索》杂志社前社长田如森为名誉顾问。先后获得了"全国少年宇航技师考核培训站""上海航天科技教育特色学校""嘉兴市科技教育先进集体"等荣誉。学校承办的航天科技教育活动得到了《太空探索》杂志、《中国少年报》、嘉兴电视台等多家新闻媒体的竞相报道。学校开展太空画创作活动,在2010年"众菱杯"全国青少年科学幻想绘画大赛中,获一等奖、二等奖、三等奖各一幅,优秀奖九幅,入围奖八幅的佳绩,同时荣获"全国科幻绘画优秀组织奖",学校被评为"中国科普美术创作基地"。校园正门内,一座中国航天火箭模型高高耸立。

嘉北中学　华丽篇章

嘉兴市嘉北中学,是嘉兴城区第一所由乡镇建设的中学。它的建立是嘉北兴学重教、发展壮大教育事业的一件大事。

1986年,嘉北乡中心校有10个初中班,542名学生,都是"小学戴帽"。校舍非常拥挤,活动场地狭小,教学设备简陋,与全方位发展教育的实际不相适应。为高质量实施"普及九年制义务教育"计划,嘉北中心校领导班子规划新建一所可容纳12个班,每个班级设4个平行班的中学校舍。嘉北乡党委、政府听取汇报后,高度重视,即行研究决定集资易地建设学校,实行中小学分设。同时向沈本恭副区长(主管教育)和区教育局局长钱通民作了汇报。6月,新建中学校舍获批并成立筹建小组,副乡长陶鸿鸣任组长、副校长陈立新为副组长。

为了把学校建成全乡最好的房子,乡长方林富建议,去市区几所新建的学校走走看看取取经,以综合吸收各校的建筑长处。经过一番实地考察,最后大家一致认为吉水小学可资借鉴。于是仿效吉水小学的校舍样式进行设计,设计工作由陈志观负责。10月,沈本恭副区长、教育局局长董海潮、嘉北乡党委书记施尚地,以及教育局负责基建的同志,参加了嘉北中学设计图纸的审定。他们对借鉴吉水小学的建筑模式表示满意。

嘉北中学择址于欧阳楼口(吴家桥村域),处于苏嘉公路东侧。施工分两期工程进行。1987年初启动第一期工程,建造教育主楼1400平方米(包括实验室、图书馆、办公室)、简易体育活动场地1200平方米。

1987年7月,嘉北中学新校舍第一期建设工程如期竣工。9月2日,"嘉北中学新校舍启用暨新学年开学典礼"隆重举行。嘉兴市城区人民政府领导、区级各有关部门领导、嘉北乡政府全体干部和全乡教师参加典礼。沈本恭副区长发表讲话,对这全区第一所新建中学校舍投入使用表示由衷的祝贺。并盛赞嘉北乡政府的大力举措,目前当地最好的房子是学校的愿景在这里得以实现。典礼结束后,应邀来宾兴致勃勃地参观了新校舍。教学楼和办公楼皆为三层建筑,两幢楼之间架设"天桥"连通。楼层高度3.8米,走廊宽度1.8米。室内配齐楼梯,室外还特建一个颇具规模的螺旋形楼梯。大家对嘉北中学新校舍新颖大方的建筑式样赞叹不已。

随之,第二期工程继续进行。建设了师生用膳伙房、厕所、传达室和校园围墙,以及绿化场地(操场)和道路等。操场面积达11.724亩;围墙总长为290.3米。一座厕所也够宽敞的,有108.8平方米。

嘉北中学新建校舍新颖别致,在当时城区首屈一指,其名声不胫而走,引得江苏吴江那边的学校领导特意前来参访拍摄。《浙江日报》开辟的"浙江一县"栏目,更是专门介绍了嘉北中学,同时配发新校舍照片。1987年,随着新校舍的建成,嘉北乡实现了中小学分设,实施普及九年制义务教育。是年,嘉北乡被评为浙江省基础教育先进乡。

2004年,根据《中共嘉兴市委、嘉兴市人民政府关于印发〈嘉兴市城乡一体化发展规划纲要〉的通知》(嘉委〔2004〕1号)的要求和市教育局中小学布局规划,嘉北中学和嘉北中心小学合并组建嘉兴市洪兴实验学校(校址位于嘉兴市洪兴西路以南、常秀街以西)。总用地面积41547平方米,总建筑面积15950平方米。总投资2180万元。当时设有初中班14个,学生635人;设小学班12个,学生536人;教职员工74人,其中专职教师69人。

1987年,开办了域内第一家公办幼儿园"嘉北乡中心幼儿园"。随着改革开放的大潮,大量新居民拥入嘉北定居。为适应情势,相继成立了嘉兴新时代幼儿园、小太阳托儿所、嘉兴华侨幼儿园、嘉兴庆安小哈佛幼儿园、阳光乐园幼儿园、金都景苑幼儿园、金色摇篮潜能开发幼儿园。2019年又引进佑华国际幼儿园。此外,万城·赞园项目和万科·环萃园将分别配建幼儿园。各幼儿园配备专职教师、保健员以及软硬件教育设施,保证了嘉北街道辖区学前教育的质量,幼儿入园率达100%。

纵观嘉北域内的教育事业,在党和政府的教育方针的指引下,无论是成人教育,还是学前教育,紧和着时代的节奏,以实实在在的行动弘扬传统的兴学重教美德。特别是嘉北中学的建造,更是嘉北教育事业的华丽篇章。

(赵忠良)

干系民生　浓墨重彩

——蔬菜基地

　　大家知道在嘉兴近郊，早先作为蔬菜基地的有徐王、许安、红星、西马桥等村（蔬菜大队），专门种植蔬菜，按时节源源不断供应城镇居民的菜篮子。此外，广大农村的自留地除种植粮食作物（如番薯等）外，一般也都种菜点豆，日常吃的蔬菜赖以自给，有余的则来个"挑葱卖菜"。然而，最终解决居民的蔬菜消费问题，更多的是倚仗相关部门的调拨。

　　伴随着改革开放的大潮，外来人员大量拥入我地，各种消费指数猛增。蔬菜作为日常生活的必需品，更是首当其冲。况且，原来的蔬菜基地面临被征作他用的事实。虽较之以前有更多渠道、更快速度的市场调节功能，但发展蔬菜生产无疑是干系一方民生的大事，因此开辟新的更大规模的蔬菜生产基地势在必行。20世纪80年代，嘉北乡的和殿村与南湖乡的天带桥村率先成为蔬菜基地，担负起发展蔬菜生产的重要使命。

　　嘉北乡的和殿村毗邻红星村，村民近距离感受到种植蔬菜的经济效益，于自留地上早已仿效。在农村联产承包责任制试行前，除旱地外，已经扩展到水田种植蔬菜。正是由于该处有着良好的基础与氛围，自然成为嘉北乡发展生产蔬菜的首选之地。

　　1986年，作为嘉北乡的第一期蔬菜基地，和殿村种植蔬菜1042亩。种植的种类有菜类、豆类、萝卜、茄子、丝瓜、韭芽等等,主打品种为黄瓜与番茄。菜农们经过不断的实践观察,悉心研究,积累了能促使蔬菜苗壮成长从而获得早产高产的方法和经验。显著有效的是推行覆盖地膜,它改变了传统的露地栽培。具体操作是:把土翻松,施足基肥,将尼龙薄膜平铺于上,四周压实。然后在膜上开一小孔,植入秧苗根部,其茎叶露于薄膜之上。如此,既保温保湿,又能抑制杂草生长,使菜、果能提前上市。当时种植业流行着这几句话:"人无我有,人少我多,人多我早。"因此,争取同一产品提前上市自然能获得较高的经济效益,而应用地膜覆盖正是达到这个目的的手段。不久,栽培蔬菜更是注入了新科技的元素,在地膜覆盖的基础上,进一步使用大棚覆盖,在棚架上覆盖较厚的尼龙膜,称为"天膜"。这样天膜、地膜同时覆盖,双管齐下,传统的露天露地的栽培模式被彻底摒弃,从而使经济效益更上一层楼。

　　大棚种植首先在和殷蔬菜基地推行。一只标准配套大棚的长度为30米,宽度是3米,共有用空心铁管弯曲定型的拱形支架三十几根,其成本价为3000元左右。当时这笔钱可不是小数,何况一户要配备数个。嘉北乡政府鼎力扶持,在推广大棚种植之初,慷慨地予以较高的经济补贴,菜农只需承担三分之一的费用。正值蔬菜种植方兴未艾、如火如荼之际,和殷村菜农凭经验意识到新的科技方法必定会产生极大的经济效益,无不踊跃接受。他们风趣地说:我们正在进行长跑,途中有人送上"蒙牛"(一种口味很好的饮料),求之不得啊。搭大棚的实践中,菜农们摸索出一个办法:就是把标准大棚的铁管拱架,抽出二分之一,取而代之的是毛竹片条,效果倒也不错。这样,原本一个大棚的铁管拱架辅以毛竹片条就可以支撑两个大棚了,节约了成本,既经济又不失实用。通过实践,集思广益,菜农们把大棚的30米长度延长至整爿田,即田有多长大棚就有多长,这样更加节约了成本,管理起来也显得方便。

　　地方两级(区、乡)政府对蔬菜基地的扶持,远不仅止于上述的大棚补贴,而是全方位地(包括对后来新增的蔬菜基地)免除粮食定购任务(当时农民必须交纳）。嘉兴市城区人民政府嘉城办［1986］149号文件《关于补足蔬菜基地有关问题的批复》中说："对开辟的蔬菜基地,不再负担粮食定购任务的粮田面积,应种足种好蔬菜。"鉴于菜农提出的便于管理要求,同意改变蔬菜田与水稻田混杂种植的局面。嘉北乡人民政府嘉北政［1987］44号《关于同意和殷村蔬菜基地给予合理调整,以利改善生产条件的批复》中说："同意你村蔬菜田集中连片,与水稻分开种植……确保明年蔬菜丰收。"区、乡两级政府投入相当资金,修筑道路、新建机埠、安置水泵、硬化渠道、铺设沙石路面,为蔬菜基地配备各项设施。乡农技站指派农技人员上门,为菜农如何对蔬菜进行科学栽培、管理予以悉心指导。

长势喜人的蔬菜

为了进一步搞好市区"菜篮子"工程建设,确保城市蔬菜供应,1997年,嘉北乡落实开发木桥港、收藏两个村的蔬菜基地,并在收藏村建立660亩的嘉北蔬菜园艺场(建立园艺场的目的是为全乡蔬菜新品种的繁育、新技术的推广起示范作用)。紧接着,1998—1999年,又在殷秀、木桥港两个村新增蔬菜基地面积890亩。1997年下半年,殷秀村七组的一个村民叫卢小土,从绍兴亲戚家引进了一个名为"丰香"的草莓品种,仅种了一亩多地,收获一万余元。这可不得了了！当殷秀村被落实为蔬菜基地后，当年种植草莓一下子达到20亩。草莓系列不断有新的优良品种引进，1999年种植的40多亩草莓品种换成了"章姬"。至2001年达到73亩。草莓受到市场的青睐，经济效益相当高。因此，殷秀村走出了一条种植草莓的新路径，搞得风生水起。后来殷秀村被征用拆迁后，好多村民对草莓的情怀难以割舍，纷纷到高照、新塍、王江泾等乡镇，承包土地继续种植草莓。

2000年，和殷村的蔬菜基地大部分被征用（仅保留309亩），根据上级政府关于"蔬菜基地征一补二"的规定，嘉北乡根据市区规划，选择在金鱼桥村与宇四浜村分二期再行开发建设蔬菜新基地1050亩。至2001年春，嘉北乡域内的蔬菜基地总面积达到3597亩。分别是：殷秀村1060亩；木桥港村868亩；金鱼桥村750亩；收藏村410亩；和殷村309亩；宇四浜村200亩。

蔬菜基地所采收起来的蔬菜，全由菜农自主销售。一般数量大的到农贸批发市场进行批量销售。零售的，或是在农贸市场投标获得一个固定摊位，或是搞一个临时摊位。某年（20世纪80年代后期）新塍那边番茄价高好销。和殷村菜农打听到这一消息，于是就骑着自行车把番茄送到那边。有一位詹姓的菜农，是位乡村医生，平素注重仪表，再加上他医生的职业，穿着打扮比较讲究，梳得一个大包头纹丝不乱。当他把两筐番茄放到菜场里出售时，一位市场管理员跑过来，要他交纳较高的管理费用，理由是贩卖行为（所谓的"投机倒把"性质）要罚款。詹姓菜农说我自己种出来，跟着大家一起来的，为什么他们不交我要交。那位管理员不信，冷笑着说："你这样的穿着打扮，哪里像个乡下人，肯定是个贩子。"我的天哪，乡下人连件挺括的衣服也穿不得。双方经过一番争论，最后要詹姓菜农回村开具自产自销的证明，方才免交所谓的罚款。

2001年，秀洲区实行行政区划调整，嘉北撤乡制而设为街道，同时对区域范围进行调整。作为蔬菜基地的殷秀村划归新城街道；金鱼桥村、宇四浜村和收藏村划归王江泾镇；2004年6月，木桥港村划归新城街道。从此，时间跨度将近20年的蔬菜基地完成了在嘉北舞台上的历史使命。

嘉北蔬菜基地为市场提供了巨大数量的蔬菜（2000年一年上市销售量即达21746吨），在市区"菜篮子"工程建设，确保城市蔬菜供应的民生大事中，做出了很大的贡献，这将是嘉北历史上浓墨重彩的一页。

（赵忠良）

发展壮大　古典特色
——从手工业服务社到中建建筑有限公司

　　1972年，嘉北公社组织全社的泥、木工匠成立嘉北手工业服务社，办公地点设于石臼漾左岸（属百花村地域），主要负责人（队长）为光明大队（陶家桥村）的虞荣光。

　　1976年，鉴于周边乡镇纷纷建立建筑队的状况，嘉北手工业服务社相应更名为嘉北建筑队，归属于嘉兴县（市）第四建筑工程公司，称为"嘉兴市第四建筑工程公司嘉北建筑队"，主要负责人（支部书记兼队长）为新兴大队（木桥港村）的赵福根。办公地点仍在石臼漾，于1981年迁至斜角洋桥（属百花村地域），与嘉北针织厂一起，同用工业公司的房屋。翌年，在附近苏嘉公路之北，建造一栋十几开间的三层楼房，专供建筑队办公所用。

　　1985年，嘉北建筑队更名为嘉兴市第五建筑工程公司（简称"五建公司"），法定代理人（总经理）为商耘发（系双桥人），董事长由嘉北乡党委书记任之。从有利于行业管理，理顺沟通上下关系的大局出发，经1988年1月7日嘉城政2号文件批复同意，"五建"公司归口城区建设管理局管理和领导。

　　嘉北建筑队（以下称五建公司）的成立，作为乡级的重头企业，恰逢城乡基本建设事业的蓬勃发展，建筑市场的全面放开。在这样的时代大背景下,五建公司顺应历史潮流,紧紧把握社会机遇,采取坚强有力的措施,迅速得以发展壮大。

技术力量是企业赖以生存和发展的支柱。一般乡村企业固有的薄弱点,就是技术力量的欠缺和对现状的满足心态。五建公司有十多年实践经验的施工员八九人,但不认为技术力量已经可以了。当今时代是以科学技术驾驭方向的时代,实践经验必须要与一定的科学理论相结合。仅凭现有的一些技术力量,势必会在激烈的竞争中败下阵来而遭遇无情淘汰。对此,领导层有一个清醒的头脑,放远眼光,重视智力投资。多次组织多名人员到杭州参加专门业务知识培训,指派17人参加市里举办的建筑施工培训班学习。1987年,三人取得合格证,五人申报技术职称。同时派送二位员工接受会计、预决算培训。

走向建筑市场,毕竟与原来建设民房和生产队仓库等低层建筑有着天壤之别。五建公司承建的单位住宅楼,一般都是五六层的高楼,承建的单位车间,都为框架结构。必须具备充分的技术力量,必须拥有先进的机械装备方能胜任。五建公司通过多种渠道购置施工作业的机械装备,并逐年增添。1987年,已拥有价值23.5万元的各类大型机械装备,大幅度提高了工作效率。同时注重维修保养,以"安全第一"为宗旨,把机械装备的故障排除于萌芽状态,杜绝由于机械装备出现故障而发生的事故,确保施工安全。

随着技术力量的提高,机械装备的完善,五建公司昂首阔步地向市场挺进,业务承揽呈现一派红红火火的景象。因此逐年增加职工人数,特别是充实一线作业人员,为当务之急(当时尚无外来民工)。五建公司在这方面做得很好,广招工匠。至1987年,全公司共有职工294人,分设为五个施工大组。施工员有李松林、冯尧根、樊春泉、陈阿小、陶和荣、商建平、陶佩佩等。

1983—1986年期间,五建公司(建筑队)承建了中百公司、烟糖公司、饮服公司、文化局、图书馆、酒厂、粮机厂、乳品厂、轻纺助剂厂等单位五至六层的住宅楼;为酒厂、汽配厂、乳品厂建造了框架结构的车间;为迁送站、福利院、东栅中学等单位建造了办公楼、实验楼;为嘉兴书场建造了观众厅。当时建造高达五六层的楼房、框架结构的大型车间,技术含量已经相当高了。正是五建公司不乏人才和设备,所以无论在工程质量、工程进度等方面都得到了建设单位的好评。1987年,公司形势喜人,竣工项目近1万平方米,在建项目也有10800平方米,预计产值可达300万元,创利近20万元。

五建公司具有一支不可忽视的或者说是令人耳目一新的古建筑技术力量。为发扬民族风格,继承、发展古典园林风貌,发挥自身的优势扬我所长,嘉北工业公司向主管部门申请,要求成立一支"古典园林建筑队"。嘉兴市城区乡镇企业局嘉城乡企[1987]61号文件,批复同意成立"嘉兴市城区古典园林建筑队",职工100人,专门经营古典园林建筑。2018年,古典园林建筑队先后承接了嘉兴市文化部门的诸多古典文化建筑工程,并圆满出色地完成任务。如:王店曝书亭建设工程、南湖烟雨楼翻建工程、董必武诗碑亭建设工程、沈钧儒故居建设工程、沈曾植故居翻建工程、觉海寺修缮改建工程、范蠡湖(部分)建设工程以及后来的中基路月河街(部分)修缮改建工程等等。

"五建公司"经过近二十年的历程,实力渐趋雄厚,为城市建设事业做出了有目共睹的贡献。1994年起,连续三年荣获嘉兴市人民政府"重合同守信用先进单位"称号;1995年还被中国农业银行浙江省分行评为三A级企业资信等级。2001年,五建公司更名为嘉兴市中建建筑有限公司(简称"中建公司"属国家三级资质企业),注册资本2158万元;净资产2528万元;从业人员1060人;有职称的工程技术人员和经济管理人员171人,其中高级工程师6人、高级会计师1人、工程师42人、会计师13人、经济师3人;项目经理31人,其中二级项目经理13人、三级项目经理18人;董事长及总经理人员不变。中建公司下设第一工程、第十二工程、装修装饰工程、园林古建筑工程、地基基础工程、起重设备安装工程、拆除工程七个管理部,同时设驻外地分公司。2002年,企业实行产权制度改革并完成转制,商耘发出任董事长及总经理。

中建公司以其雄厚的科学技术力量及大型先进的装备设施,相继为禾城展示了许多优秀华丽的作品,诸如:嘉兴花园、双园高层商住楼、翰森房产商住楼、双溪花园、圣淘沙别墅群、丝绸工业园区新仪厂房及丝绸博物馆、中国农业银行(今瀚大厦)、天伦纳米染整大型厂房等。此外,还为全国许多的省市建造了住宅楼和办公用房。向世人树立和展现了嘉北建筑企业良好的形象与绚丽的风采。2005年,实行强强联合,公司升级为国家二级资质企业,归属于浙江中信建设发展有限公司旗下。

本文在反复查阅资料的基础上,并于2018年10月29日造访商耘发先生后写成的。商先生历任"五建公司"总经理、转制后的"中建公司"董事长及总经理。作为当之无愧的元老,商先生见证了嘉北建筑业从无到有,从既弱又小到做强做大的发展经历。

嘉北建筑队以及古典园林建筑队所创造的业绩,在嘉北历史上书写了辉煌的一页。

(赵忠良)

商业单一　流动货担

——早年的商业活动

　　20世纪六七十年代,农村商业活动比较清淡,商品供应模式单一。大都由当地供销社统一筹划,于生产大队设置一个代销店,供应人们日常必需的生活用品。嘉北供销社设于嘉兴城区中基路,在公社机关所在地顾家浜设置了供销部。供销部商品相对比代销店多了不少,如布料、床席、棉花、绒线、锅子、锅盖等生活用品。现就笔者亲身感闻,说说当年嘉北农村的一些商业活动。

优先买猪肉

　　那时猪肉的供应简直是紧张得不得了。1968年的年脚边,我家延请裁缝师傅缝制新年穿的衣服。当晚,母亲焦急地对我说:"明天洋机师傅(即裁缝师傅)要来了,吃饭时肉也没有怎么办?"我对母亲说:"我来想想办法。"

　　我正在参加"园田化"(属农田基本建设)的劳动,就寝于出工模式是所谓的"军事化"的工地上。工地在杨家桥,是当时嘉北公社东方红大队(由新兴、跃进、伟民等三个大队合并组建)办公所在地。那里设有一个规模较大的供销社综合商店,早晨有少量猪肉供应。猪肉是从嘉兴荷花堤的食品公司的屠宰场那里,由两位师傅各挑一担,披星戴月赶将过来出售的。我知道这个情况,便约上表弟,三更时分从工地上悄悄起身,在离城很近的必经之路上等候,主动为送肉师傅替力挑肉担,以致达到能保证买到肉的目的。

隆冬时节后半夜的无情寒意,使我们不由自主地瑟瑟发抖。我们耐心地等着,终于看到他们打着手电过来了,连忙迎了上去,向他们说明来意。他们听了,大喜过望,连声说:"太好了,太好了,谢谢你们! 谢谢你们! 保证给你们买到肉。"

一副担子大约六七十斤重。俗话说"百步无轻担",可不,足有十几里的路程,确实把两位师傅(其中一位叫汤金山)累得满头大汗,衣服脱了一件又一件。作为我们经常挑担的农村年轻人来说,自然不在话下。我们挑起担子飞快地跑起来,弄得他们在后面边紧跟边叮嘱"当心跌跤"。

到了杨家桥供销部,汤金山师傅就对排队买肉的人们说,这两位小青年帮我们挑肉担,跑了这么多路够辛苦了,让他们先买肉了。这样,我们便第一个买到了一方肋条肉(7角2分一斤)。我把肉送回家,母亲开心极了。表兄弟俩起半夜往返折腾近20里地,弄得淋漓大汗,换来优先买肉的权利,不得不说还是值了!

那位汤金山师傅是食品公司评估毛猪价格的行家。那时猪农把毛猪运送到"毛猪行"(毛猪收购部),由专业评估人员进行"喝价"(评估价格)。但见评估人员一手握着一把长剪刀,一手触按猪身。先是重按腹部以测探进食之多少;其次分别在颈部、肋部、臀部触捏,以测定肉膘之厚薄。根据这些数据,从而评估出该头毛猪的出肉率。达到白肉"七刀头"(出肉率为70%),每担(百斤)毛猪的价格为49元;若为"七刀一"(71%),则为50.50元。依次上下分好几个不同等级。接着就"咔嚓咔嚓"用剪刀横斜交叉地剪下了几处猪毛作为评估标记。其所剪痕迹颇似象形文字,只有他们自己才看得懂。前面所说的汤金山,某次被一位猪农认为其"喝价"偏低而与之纠缠。汤金山立马叫人把毛猪宰杀核实,结果白肉一过秤,与其所喝之价不相上下,使得那位猪农心服口服。

交换油豆腐

当年农村里能吃上一回豆制品,如豆腐干、豆腐等算是口福了,尤其是油豆腐更是难求。临近春节的时候,即大年夜的前几天,嘉北供销社(在顾家浜)组织人员氽油豆腐,为农家在新年的餐桌上增添一碗平时求之不得的菜肴而尽力。

氽油豆腐不仅在白天进行,晚上也通宵达旦不停。一栋老屋的大厅内,一只大塘锅架在砖砌的临时灶台上,灶膛中燃烧着熊熊的火焰,大半锅子的菜油在里面沸腾,油豆腐在锅里上下翻滚。

油豆腐并不是随意可以去买,而必须用毛豆(即黄豆,制作豆制品的原料)去交换。全公社方圆七八里的范围,仅靠着一只锅子氽出来,虽夜以继日地干,但还是供不应求。为了换到油豆腐,母亲叫我跟随邻人一起去排队。农历小年夜,我和好几个伙伴跑了三里多路,在黄昏的时候到了顾家浜。一到现场,嗬!几十个人已在等候,并且还在陆续进来。有孩子,有大人,有男的,有女的,有坐着的,有站着的,一个个都瞪着眼睛,注视着在油锅里翻滚的油豆腐。

豆腐块放入油锅中,经过一定时间烹煎,形态"胖"了起来,呈金黄色,这就是油豆腐了。豆腐块成为油豆腐这个过程自然充满着技术含量。一位在供销社工作,约莫三十几岁的女师傅在熟练地操作。这门活对她来说是拿手好戏。但有几块豆腐块就是不听话,宁可成为硬块也不肯膨胀起来(即所谓僵块),她就用铁丝网兜取出来,给她那坐在灶台边的儿子吃。她儿子把这既香又脆的东西咬得"嘣嘣"地响,引得满屋在等待的人们(尤其是小孩)馋涎欲滴。

油豆腐一次一次地出锅,待不烫手了,就挨个发付。轮到我时,已经是次日的上午八点多了。我交上毛豆,然后按其分量换得相应的油豆腐,同时交付一定的加工费。为了两三斤油豆腐,整整等候了一夜多。好在是旺火煮油锅,再加那么多人,所产生的热量倒足以抗拒腊月的寒冷。

临时供销点

农村一年中劳动强度最高、时间最紧张的,莫过于夏季的抢收抢种,即所谓"双抢"。每在这个时候,嘉北供销社就会组织临时供销点下乡,为社员供应较多的商品,以实际行动支援"双抢"。先是来人与大队联系,腾出几间房子;接着打扫干净,用门板等搭架柜台。接着从嘉兴中基路供销社总部把商品装船,由水路运送过来。

商品中的生产资料部分,是所需要的农业劳动用具,诸如土岙、扁担(有毛竹扁担与杂木扁担两种,后者专用来挑稻)、粪桶夹、料勺、担绳、犁索、田丝绳、拔秧凳等等。至于生活资料部分,除了日常生活用品外,更有咸鱼、咸肉、皮蛋、灰鸭蛋、乳腐、榨菜、什锦菜等等,有时还有西瓜。酒类有烧酒和黄酒。烧酒有散装和瓶装之分,瓶装的一般是容量为二两半的所谓"小炮仗",那时黄酒还没有瓶装的。散装的酒,用传统的竹制提勺来兑舀,一提子为半斤。

村民老黄平时嗜酒,常用一只瓶子去沽黄酒。这天入得店堂,拿出瓶子,一位年轻师傅给他的瓶子里提了两提勺,只要交付一斤的酒钱就是了。但老黄把眼一瞪,说这酒不到一斤,对方说两提勺即为一斤。正在彼此争吵之际,里面一位年长的杨师傅闻声过来。他一下把酒倒尽,说时迟那时快,"嗖嗖"两提勺,只见酒从瓶口汩汩溢流。"哎呀,流掉不舍得,让我呼掉(喝的意思)一口",他俯首就一大口,神态诙谐地面对着老黄:"怎么样,差不多吧?"老黄见得此等情景,哈哈大笑。本来令人不愉快的局面顿时轻而易举地被化解得烟消云散,足见这位杨师傅善于察言观色,其做生意的经验可谓丰富。

话说流动担

改革开放之初,嘉北农村中有了流动货担。所谓"流动货担",顾名思义，就是经营者挑着一担货物（商品）不停地跑路兜售。有两种形式：一种是用肩膀挑着装满杂货的两个小筐；另一种是用自行车载着木箱，专门出售棒冰。

先说卖杂货的流动货担。一般是选择农村中一年四季的农忙季节出行，由于人们忙碌于田间，无暇抽身，流动货担给他们带来了便利，因此就有了一定的市场。当时较为活跃的流动货担要数嘉北义庄村的王文泉。每当农忙时，就挑起了流动货担。所兜售的货物品种不多，无非是些烟酒糖果糕饼之类小杂货。除现卖外，亦赊卖记账，所以生意还是做得起来的。当然，挑着担一路跑着，自然要付出一定的体力，总是见他汗出涔涔。他在颈上搭挂着一条毛巾，以便擦拭。累了，趁着售货时把扁担横置于筐上，坐着歇一会，吃些饼干，喝口随身携带的一只大瓶子里的茶水，顺便与人们聊聊天。这种流动货担是一种短暂的现象，没几年的光景。

再说卖棒冰的。当赤日炎炎的夏季来临，农村中便有人骑着自行车过来卖棒冰。一只约70×40×50（厘米）的木箱横放在自行车后面的书包架上，用布条或其他绳索绑定。一边骑行，一边用一只手挥动木块击打着木箱，发出"啪、啪"的响声，同时，嘴里还高声吆喝着："棒冰要伐（棒冰要不要）?"小孩子闻声即喧哗起来："吃棒冰啰!"五分钱一支棒冰，一般大人们总会满足小孩子的要求。但还是有让孩子为吃棒冰而大哭的现象：一是有个别的家长不舍得花钱，狠心地直截了当不买给孩子吃；二是只买一次（一支）不给孩子吃第二支。没有吃到的孩子自然要大哭，吃了一支未能吃到第二支的也会大哭。晴热之天差不多要来三五个卖棒冰的，小孩子总是嚷着要吃。当时的五分钱的概念不同于现在的五分钱，大人们不会完全依顺自己孩子也是在情理之中。

卖棒冰虽能挣得些钱，但自有其一番苦处。天蒙蒙亮骑着自行车到城内北京路上的糖果厂排队取货。棒冰放入箱内，严严实实地盖上絮料以减缓棒冰的融化。于是赶紧飞快地向乡下奔去，实际上是与棒冰的融化过程抢着时间而争分夺秒。一切顺利（所谓顺利取决于天气，最好是既晴又热），那么棒冰能早早脱手而稳稳当当地挣到一些钱。如果不顺利的话，非但挣不到钱，连老本都蚀了也是常有的事。嘉北木桥港村的戴国生就深有体会。他说：有时出去天气很好，等到在卖棒冰的时候，天突然下起雨来就麻烦了。乡下的泥路一经雨淋，自行车就不能动弹。眼看着棒冰在慢慢地融化，心里这个急啊！好在糖果厂可以回寄棒冰，即把没有卖完的棒冰寄于彼处，以后随时可取。但是回寄的棒冰必须是完整的，品相不好打了折的只能由自己负责。有时，骑车于乡间的垄沟道上（渠道旁），垄沟里正在上水，哗哗地流着，偶有不慎（这与车技也有关系），自行车龙头一别，只听一声响亮，连车带人跌入垄沟中。人似落汤鸡一般且不去管他，赶紧把棒冰箱扶起解下，一旦进水，棒冰将全部泡汤，如此则亏大了。还有，农村里行进，会遇到很多石桥，石阶一级一级的。推着一箱子棒冰上石阶过桥的艰难，你没有亲身体会是不知道的。

流动货担，除了卖杂货和卖棒冰之外，以前尚有换糖担、鸡毛换糙纸以及豆腐担之类，因限于篇幅就不赘述了。总之，记述这些片段，反映早年农村中的一些商业活动（事实上其时农村所谓的商业活动差不多局限于这些），让人们知道那个年代曾有着那么一回事。

（赵忠良）

历史悠久　宛若集镇

——顾家浜之貌

　　顾家浜是当年嘉北公社境内的一个自然村坊。据传清初顺治年间,有昆山顾氏兄弟卜居于此务农经商,日渐形成这个村坊。民国时期,顾家浜二十余户顾姓人家,半数以上经商开店。资本少的开设茶馆,资本多的开起了碾米工场、蚕种场及茧行。如顾玉兮和顾继年,分别开了"宙华"蚕种场和"永昌协"茧行。还有一位顾玉章,在嘉兴北门的中基路开了"顾正盛"银楼。

　　嘉北境域东至苏州塘,南达杭州塘,西邻新塍,北接双桥。有十六七个生产大队,土地面积三万六千余亩。如这样约二十五平方公里的偌大方圆,其中心惜无一个集镇。居民日常所需的生活用品,一般都在各村的供销社代销店购得。如翻建草棚等办事时,或逢年过节需要购置较多的东西,或要出售一些农副产品,就得入城或去其他集镇。比如到境西北九里汇小镇、新塍镇;大部分去嘉兴城内,所以也叫"出嘉兴"。至于境东南的,像百花、西马桥、三塔等地,则是近水楼台,入城就更不用说了。而位于境之中部的顾家浜,作为公社(乡政府)驻地,在一段较长的时间里,扮演了一个具有集镇意义的角色。

商业状况

20世纪六七十年代,顾家浜的原顾家大厅及厢房(属于没收的地主产业),开设了嘉北供销社分部(总部在城内中基路),供应的商品较多。生活用品:大如棉絮料,小到针头线脑,一应尽有;对生产资料来说,反正当时农业劳动所需的基本齐全。摆在堂前的布料柜台,花卉、格子、粉红、草绿等布匹挨着陈列。每当"双抢"大忙结束,姑娘、大嫂接踵而至,门庭若市。姑娘把花布披在身上比划,含笑带羞地问着:"这块布我做衬衫好不好看?"大嫂们则为全家不同年龄不同性别的人挑这挑那。布料柜前人气旺盛,"剪布"人员忙得不亦乐乎。

布料柜台

顾家浜设有一爿由食品公司经营的肉店,工作人员从城里的屠宰点把猪肉拉过来零售,尽可能地改善着居民的生活。此外,顾家浜还设有由供销社经营的豆腐店,日常供应少量的豆制品。每逢过年辰光,豆腐店人员会用上一个星期,通宵达旦地赶着氽油豆腐,为春节的餐桌增添一道美味菜肴。

顾家浜的西端开有一爿茶馆店。清晨时分,少不了从附近如计家村、庙头村、郎中桥、亭子桥等过来的人们(一般都是年岁有一点的)。他们有着各自的坐姿,有的盘腿于上,有的单足着地。浓浓的茶水使他们精神提振,于是天南地北海阔天空,无拘无束口无遮拦,好不热闹。相隔茶馆店不远的地方,有一理发(俗称剃头)店。店内的三位师傅,一大早就开门迎客,直到黄昏时分才打烊,娴熟且细心地为顾客理发刮胡子。

卫 生 院

顾家浜的东端,设有嘉北公社卫生院。卫生院的前身是1956年建立的联合诊所。1963年已有医师、助产士等职工10人。到1973年,床位达30张。卫生院开展就诊出诊业务,防疫治病,为本公社(甚至其他地方)居民的健康事业做出了重要的贡献。

记得那年我们生产队有个老阿太突然感到肚子疼痛难忍,其时已经很晚了。她的儿子立即叫上两位社员,拔橹开船,用最快的速度把病人摇送到顾家浜卫生院。值班的是单培根医师。望闻问切后,教护士配药打针。顿时老阿太疼痛缓解,停住呻吟,一扫满脸痛苦之状。她儿子及帮助摇船的人都开心得不得了。单医师接着开了一张中医处方,嘱咐:"明日入城把药撮来服用就是了。"这个时候差不多已是夜里十一点了。

如果卫生院晚间(深夜)无人值班,那么只有把病人送到嘉兴城里,这样在路上耽搁的时间就比较长,自然会贻误诊疗的时间,对病人是极为不利的。

嘉北卫生院在1970年之前的一段时间,搞过免费手术治疗"狐臭"(一种疾病的名称)的活动。我有一位亲属也去接受治疗,并已经动了手术,母亲要我去探望她。回来的路上发生一个小故事,令我至今没忘。那是晚上八点钟左右,小青年的我走路很快,不知不觉中赶上了前面两位婶婶模样的人。一个提了两个包,一个抱着一个孩子。只听她们说:"吃力煞了,抱不动了,手臂好像要断掉了。"我闻声后,便不假思索,自告奋勇地对她们说："我来替你们背吧。"说着就蹲下了身子。她们也顾不得认识不认识，毫不犹豫地把小女孩放在我的背上，这无疑是她们由于过分的劳累而不得已的决定。

原来这个约莫四五岁的小女孩因治病，刚从城里出院回来。她们已经轮流抱了好几里路，确实被折腾得筋疲力尽。小女孩初愈，不能"做筋骨"（指无力控制，任随身体自行滑落），总是往下沉。况且又处于睡眠状态，抱着是够累的。我背着一边走，一边不时地把沉下来的小女孩往上耸。这样，从顾家浜到马家浜（在义庄村），不少于两里路吧。途中只听得她们紧紧跟上的脚步声（因我走得快），没听她们说替换着背一下，来了个"老实不客气"。但我理解她们，她们实在是太累了。临别，她们深深地向我道了谢。这两个不知名的婶婶，我甚至连她们的面目也没有看清。在她们需要帮助的时候，我以实际的行动，传递了人与人之间的关爱。

在此顺便说一下嘉北卫生院有关负责人的情况。1956年初办时为吴宝均医师，继之为王丽娟医师。1969年为褚宝根医师。1971年至1978年，本公社一位姓裘的同志任了院长。说到我们这位裘同志，虽去过朝鲜战

嘉北街道社区卫生服务中心今貌

场,但连一支防疫针都不会打,对于本职业务是一个地地道道的外行。试想一旦有医疗方案要制定,他这个院长如何拍板? 1979年起,由医师张九皋担任院长。时过境迁,裴同志的八年院长给我们留下了一个"外行领导内行"的社会缩影。

学 校

顾家浜设有嘉北中心学校(今嘉兴市洪兴实验学校的前身)。该校已有一百多年历史。最早是1907年创办的顾家浜私塾,为当时秀水县的"顾家浜初等小学堂",校舍由浜北的顾蕴石提供。民国时期这里分别为双桥区第一国民学校;嘉兴县立小学第一学区初级学校;双中乡中心国民学校。1949年,为万雁村小学(顾家浜属万雁村)。1956年开始设高小班。1967年增设初中班。1976年嘉北境内共开设中学有七所,除了一所光辉中学单设高中外,其余的全是清一色初中,唯独顾家浜的嘉北中心学校兼有初中、高中班级,学生人数最多。随着教育事业的调整与发展,后来取消了高中班级。到了1987年,实行中小学分设。初中部搬到新建于苏嘉公路东侧的校舍,定名为"嘉兴市嘉北中学"。小学部仍为"嘉北乡中心小学"而留在顾家浜。一直到2004年,嘉北中学和嘉北中心小学合并组建嘉兴市洪兴实验学校,迁入位于常秀街的新校址。

顾家浜当年集聚着茶馆、理发店、商店、医院、学校、农科兽医、机电广播站以及邮电所,又是公社党政机关的驻地,无疑是嘉北公社的政治文化中心。虽然不是一个严格意义上的集镇(如欠缺非农居民要素),但俨然一个小集镇的模样,《嘉兴市志》亦称其为"初具小集镇规模"。

顾家浜还有一位叫"阿基"的师傅,记不清籍贯是温州还是台州,祖传的弹棉花手艺闻名遐迩。乡民或新年添置,或婚嫁娶亲,都纷纷延请"阿基"师傅上门弹棉制絮。他带出了好多徒弟,其中顾金观与丁杏生两人最为出色,是得意门生。20世纪六七十年代是他们施展手脚的最好时光。然而,就我们这个地方而言,他们应该是弹棉花手艺的最后传承人了。

　　随着时代的变迁,昔日的顾家浜已被昌盛花园所取代,成为历史上的一页。人们在石臼漾湿地公园那边,总会扬手指着昌盛花园的方向,感慨地说那里就是曾经风光一时的顾家浜。

(赵忠良)

三年风光　时代变迁

——大队合并

　　杨家桥有两座,东杨家桥位于南北向的东杨家桥港上,西杨家桥位于东西向的西杨家桥港上,距离两河的交汇处各有一百多米。东杨家桥港以东区域是现在王江泾镇的金鱼桥村,以西是沈家桥村,杨家桥港以南是现在新城街道的木桥港村。杨家桥这个地名,也成为三个村共有的地名。

　　西杨家桥的桥联上写着"嘉禾半接新塍路,一桥平兮古庙边"。从中可以看出这里是嘉兴至新塍水路的中点;桥北有一座大庙。我妻子(1946年出生)小时候曾跟着奶奶去烧香拜佛。新中国成立初的双南乡乡政府设在这座庙里。原金跃小学校长吴宝金(1943年出生)还清楚记得,他九岁那年,在这里的乡政府(庙里)戴上红领巾,成为光荣的中国少年先锋队队员。以上说明,杨家桥曾经也是一个热闹的地方。但是,1956年双南乡和马河乡合并成嘉北乡,乡政府搬到顾家浜以后,这里变成三个村的交界处,再加上公社化后,那座大庙也被拆除,这里显得极为偏僻。

　　1969年,为了体现"一大二公",嘉北人民公社将16个大队合并为5个大队。以杨家桥为中心的3个大队(当时木桥港村叫新兴大队、沈家桥村叫跃进大队、金鱼桥村叫为民大队)合并为一个大队。新的大队,得有一个新的名称。叫什么呢? 当时,嘉北公社另外四个大队分别叫"光辉大队""先锋大队""三红大队"和"曙光大队"。这个大队在嘉北公社的西北部,在"东风压倒西风"的年代,更希望东方日出,就取了一个响亮的名称——"东方红大队"。大队的党支部书记是原跃进大队书记柳好观,兼大队革命委员会主任,副主任由其他两个大队原来的书记或大队长担任。

东方红大队成立后,需要设立一个大队部,必然选中这三个大队的中心区域,即杨家桥。地基自然选中那个老庙基。当时农村的劳动力大队可以统一安排,农村泥匠、木工很多,就组织起来,拆了原沈家桥大队张家浜一大户(土改时没收的)房屋,把拆下来的所有砖瓦,木料用船运到杨家桥,在原庙基上建起了六间平房,作为大队部。大队部东面的三间用"人字梁"托起,作大礼堂,可以开社员大会,朝东开大门。西面三间朝南开门,一间作办公室,一间作缝纫室,一间备用。这六间平房的南面是一个大广场,可以站立近千人。晚上,广场上经常放映露天电影。电影银幕架在河边,观众朝东看。附近的社员走来,路远的社员摇船来,如果场上已站满了人,他

赤脚医生为社员看病

们就坐在船上,反面看,效果也一样。当然,那时经常召开的"批斗大会"也在这里举行。

大队部西(西杨家桥北堍),建有两间平房,作大队医疗室(开始时是草棚,后建平房)。医疗室有六名医生:原新兴大队的李杏根、仲锦英,跃进大队的王苗荣、夏阿花,为民大队的吴有珍五位赤脚医生和嘉北人民公社卫生院派来的沈东芳医生。那时,社员看病不要钱,大队从公益金中开支购药,赤脚医生拿生产队工分。一般小病都在医疗室治疗,遇到重病,医生就会通知家属摇船送嘉兴医院治疗,而且都陪病人坐船同去。那时,赤脚医生大多上门看病,只要病人家属来叫,他们就背起药箱,跟家属上门服务。

医疗室西,建有一家豆腐作坊(草棚),大队里有一个社员本来就做豆腐的,就让他做豆腐、豆腐干。附近的社员或有事来大队部的社员都会买一些豆制品回去。

豆腐作坊西,开了一家肉店(草棚),由大队指定一个社员杀猪,每天供应猪肉。

肉店西,是一个公猪配种场(草棚)。当时,各生产队都有畜牧场,养着母猪,繁育小猪。为了发展畜牧业,大队在这里养了两头公猪,各生产队畜牧场的母猪发情时,就摇船把母猪送到配种场配种。

以上这些建筑都坐北朝南,面对东西向的杨家桥港,从东往西,长一百多米。

大队部北,沿东杨家桥港西岸建有四间平房,作大队食堂,一间厨房,三间餐厅,朝东开门。食堂负责人是原新兴大队的党支部老书记董连生。他是新兴大队第一个中国共产党党员,也是第一任党支部书记,长工出身,单身,工作认真,为老百姓着想,因年龄大了,合并大队后做了食堂负责人。他每天天不亮就到九里汇买好菜,步行一个多小时到杨家桥,还勤勤恳恳做好食堂的其他管理工作。

从食堂向北走五十多米,便来到东杨家桥。过桥有一个养鸭场,建有一个大草棚,还用泥墙围成了一个很大的饲养场。这个大队养鸭场饲养种鸭(即按比例搭配雌鸭和雄鸭)二千多只,有四个放鸭人管理。白天将鸭群赶入河中,到各处放鸭,晚上赶回鸭场。早上,有专人捡鸭蛋,送嘉兴孵坊,作种蛋用。这个养鸭场的蛋不向社员出售。

养鸭场南,是大队预制场,为各生产队预制农用水泥预制品。

预制场南,是大队竹木工部。这里有一位船匠,叫金阿四,会打造木船。修船是他的拿手好戏,经常看到一些木船拉到岸上,船底朝天。他在旁边敲敲打打,不时传来有节奏的"笃笃笃,嘭嘭嘭"的声音。还有竹匠沈善法,也很出名,为社员制作各类竹制品,比如笋筐、土垯(挑土、挑猪羊灰等用的竹器,2只为一担)、扁担以及生活用竹器,如竹篮、淘箩等,供社员购买。

竹木工部南是嘉北供销社东方红大队综合商店,建有两排房屋。前排五间大平房,后排三间小平房,坐北朝南,面对杨家桥港向西延伸的金鱼桥港,和大队部东西相望。这里供应各类农业生产资料、生活用品和副食品。嘉兴食品公司在供销社设了一个卖肉摊位,每天天不亮就派人从嘉兴挑着一百多斤肉,步行到这里。社员一大早排队凭票买肉。前面提到的西杨家桥北的肉店,是在嘉兴食品公司撤销供销社的摊位后开设的。当时其他商品也都凭票供应,社员只有到供销社才能买到,所以都必须到这里购买。供销社也就成了最热闹的地方。

大队部南对岸(杨家桥港南),建有东方红初中。东方红大队原有三所小学,即新兴小学、跃进小学和为民小学,每个学校都有近二百名学生。我是新兴小学负责人,跃进小学负责人是张明华,为民小学负责人是吴宝金。当时,大队由贫下中农管理小组管理学校,小组长是原跃进大队的副书记李芳根(文卫大队长),我们三人为副组长,还有其他几个组员。我们不定期到大队部开会,讨论决定赤脚老师的任用,学校工作的安排以及学生的学杂费的减免工作等。当时,全公社有好多小学都附设初中班,我们贫管组经过讨论,也提出开办一个初中班的要求。大队革命委员会向公社革命委员会打了报告,上面同意我们办一个初中班。开始时,搭一个草棚,办一个班,后来逐步发展,陆续建了九间平房,四个班(那时初中二年制,即两年初中毕业)。公社贫管会派应继云老师负责这所中学,其他老师在三个小学里抽调,也从优秀的知识青年中选拔做老师,后来曾有两个大学生来这所中学任教。这所中学办了七年,我的妹妹、弟弟和儿子都在这所中学毕业。

在那个历史阶段,杨家桥成了原三个大队,大约四千多人口必须来到的地方,或开会,或求医,或读书,或买东西,人来人往,热闹非凡。这里几乎是"政治、经济、文化"的中心。也成为一个"小镇"。

然而,历史是不断发展的。1972年,东方红大队撤销,又分为三个大队。三年来建造的所有建筑,都分给所在大队。比如:东方红中学分给新兴大队;医疗室、大队部分给跃进大队;养鸭场、预制场分给为民大队。大队医疗室的人员都回原大队。供销社也撤走(房屋一直保留到现在,做仓库)。这些房屋分到各大队后,有的拆了,有的卖掉。东方红中学的房屋分给新兴大队后不久就卖掉,学校搬到大队部,所以分给跃进大队的大队部这座房屋暂时不拆。四年后,东方红中学撤销,大队部也拆了。杨家桥又变成了偏僻的地方。

时代的变迁,令人感慨。现在,西杨家桥南已经建成了木桥港小区,四百多幢统一设计,居民自建的三层楼房,整齐、大方。区内环境优美,居民近一万人;木桥港小区的西面是九里花园(杨家桥港南),都是六层安置房,居民也近一万人;杨家桥港北正在建造九里村北区安置房,属小高层建筑,气势宏伟。杨家桥区域这个历史上的"小镇",已经变为现代化的、都市型的"大镇"了。

(周振明)

塘畔农场　名噪一时

——嘉兴县农牧场

在古老的新塍塘北岸，西自皇坟山，东至亭子桥，横跨新兴（今木桥港村）、立新（今义庄村）、丰收（今亭子桥村）三个大队的南部（即今之秀湖公园至石臼漾一带），曾是名噪一时的嘉兴县农牧场。

建立与扩大

农牧场的前身是"嘉兴果园"。关于筹建嘉兴果园的经过，时任双桥公社亭子桥大队党支部书记、后曾任嘉北公社副社长的朱润华，在1967年1月25日写了一篇《关于县委办果园情况》的材料，摘录如下：

一九五九年下半年，县委决定到双桥公社办果园。有一次我在双桥开会，公社党委书记许文光同志对我说的，并讲明天县里派人直接来亭子桥联系。结果下一天县委派来了三位同志：杨忠汉副县长（嘉兴县委常委）、任吉洪（嘉兴县人民法院院长、县委委员、政法总支书记）、杨玉英（公安局局长）。是坐小汽艇来的。船停在亭子桥头。由我和许有土、吴昌明陪同他们走一圈。

任吉洪开口说："徐书记从新塍回来，看到大德塘桥这一带地很荒废,县委准备在这里办一个果园,打算把殷秀、亭子桥、新兴三处搞五百亩土地的果园。"当时我说:"新兴、殷秀的土地你们自己去协商,亭子桥约可抽出 150 亩—200 亩旱地。"

来办农场的时候,是 1959 年下半年,旱地上的黄豆已经快要黄了。

从黄岩买来 10 万株橘树,种橘树。

(以上是朱润华的原文)

时任农牧场党支部书记任吉洪有一份《建立果园(现农牧场)的经手》,见证了果园的初办过程。全文如下:

在 1959 年 9 月间,有县委徐永三书记,由省委开会回来,在县委扩大会议上布置说:省委指示各县绿化办果园。会后,有副书记桑,负责与公社协商,在双桥公社亭子桥大队建立果园。后有桑副书记、杨玉英公安局局长、任吉洪(原法院院长)、公社副书记朱振(此字误,应为润——笔者注)华等到亭子桥大队落实土地。现已有土地 620 亩。

这是当时的经过情况。如有出入,有任吉洪负责。

此据

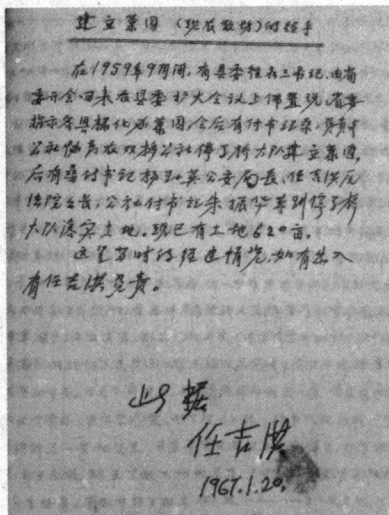

任吉洪所写文字原迹

任吉洪(手印)
1967.1.20

　　嘉兴果园初建时,平整土地,种植桃树。负责桃树种植和管理的人是高照公社的陈阿连,住在九里汇小镇的西南。他懂得桃树的修剪整枝,是地方上有名的果树种植能手。两年后,桃树成林,桃花盛开,成熟的桃子挂满枝头。附近的小孩,经常去桃树林中割草,顺便摘些桃子,塞在草篰里回家。

　　果园本来以种植桃树与蔬菜为主,后来发展工副业,碾米加工,粉碎加工,机制草包、草绳,饲养鸡鸭,培育桑苗,建造窑墩烧砖瓦。同时增加油漆加工及制墨的业务,还专门从上海引进了技术人员。

　　果园搞得很好,发展也很快。房子造起来了,职工更多了。区域从亭子桥、义庄向西扩大到皇坟山(木桥港村)。那时,皇坟山还没有定为文保单位,建造窑墩烧砖瓦就取自皇坟山的泥土。

设施与生产

　　农牧场建造了十几排宿舍、办公室、大礼堂等,场部设卫生室、理发室,还有小店,俨然一个小集镇的模样。很多农民去那里看病、理发、购买日常用品。大德桥①北塘西端设了一个轮船码头,成为轮船从嘉兴西行的首站,约45分钟便可到达,对职工及农民乘轮船往返嘉兴与新塍提供了便利。农牧场的卫生室有二位医生。一位叫沈新民,是个年轻西医。另一位便是嘉兴的名老中医单培根,去他那里看病的人很多。单培根还是一个佛家研究者,在退休后应邀去了福建佛学院讲学。

　　农牧场职工中有很多知识分子,因当时说了一些错话而下放到这里。其中有浙江音乐学院的学生黄国荣,嘉兴三中的美术老师丁晓白、秀洲中

---

① 大德桥(又称大德塘桥),是纵跨新塍塘的一座两边有精致石栏杆的三孔古桥,明万历《秀水县志》已有记载。原桥在20世纪70年代被拆除,在距东300米处新建水泥桥以供通行。一位曾在农牧场工作过的屠世海先生,当年游水过去辨认并记录了大德桥西的一副楹联:"画鹢耀祥云,遥指新塍帆影;彩虹夹明镜,平分秀水漾汶"。应该感谢他对文化遗产的抢救行为。

学的美术老师李长莫等。

农牧场安装了高音喇叭,播送歌曲。早晨每当歌声响起,正是周围农民准备出工的时候。同时还及时报告气象消息,周围农民得以知道天气的变化情况。

农牧场的大礼堂早期有嘉兴越剧团前来演出。特别是春节期间,连演几天。剧目为传统的越剧,如《九斤姑娘》等,让周围的农民一饱眼福。

关于农牧场的生产资料、设备、种植及养殖等情况,原农牧场管理人员吴德华有这样的记述(是为1969年的情况):

> 水田336亩,旱地64亩(其中总场54亩、分场10亩)。种植桃树100亩,桑树35亩。牛5头。电犁1台,脱粒机3台,农船11只(其中总场8只,分场3只)。大小各类农具齐全。机埠1个。水泵3只。电动机12台(总场6台,分场6台)。变压器(包括分场)3只。大型粉碎机(包括分场)3台。轧米机(包括分场)4台。制坯机1台。水泥晒场4处。胶轮车10辆。饲养车6辆。放鸭船3只。猪舍200间。母猪66头;公猪6头;肉猪1头;仔猪341头。青饲料80亩;放鸭船3只。水面养鱼30亩。

撤销与善后

农牧场的性质是一个以发展农牧业为主的社会主义集体所有制经济的组织。办果园时,由公安部门进行管理。改为农牧场后,归人委管理。1966年有文件(决定)划给农业局(管理),但农牧场支部直属于县机关党委领导。当时果园使用的公章为"地方国营嘉兴果园",其开办的企业所用的公章为"地方国营嘉兴果园综合加工厂"。成立农牧场时,其公章文字阙知,1970年使用的是"嘉兴县农牧场斗批改领导小组"这样的公章了(该"小组"成立于1969年12月)。

1970年2月23日,嘉兴县革委会发了《关于撤销县农牧场和撤销后归嘉北公社领导管理的通知》文件([70]40号),作出决定:"将县农牧场即行撤销。撤销后归嘉北人民公社所属,作为嘉北人民公社集体所有制经济的一个组成部分。"并要"嘉北公社革委会必须切实加强对农牧场的领导"。同时,对农牧场实行固定工资按月发放的现行制度作出改变的决定:

> 鉴于农牧场是农业集体所有制经济,在目前集体经济还不很巩固的情况下,不宜实行固定的劳动工资制度。为了有利于巩固集体所有制经济,进一步调动广大群众社会主义革命和社会主义建设的积极性,对农牧场现行的固定工资制度,应按照社会主义"各尽所能,按劳分配"的原则,实行政治挂帅,大寨式评工记分的收益分配制度,并于1970年3月起实施。原属县组织部门下放的干部,由县革委会另作研究处理。

于是,农牧场职工的报酬,由原来的工资制改为工分制,等同于农村生产队的收益分配模式:评级记分,年终分配。故农牧场曾一度改名为"嘉北公社东风大队",共设3个小队。1970年12月开始,农牧场职工按户划分了自留地:一户一人的为1.5分;一户二人的为2.5分;一户三人的为3.5分。另外,农牧场的集体财物——台子、凳子、椅子、茶几、写字台等等东西均分给全场每一个人。每个人可分到折合人民币9元钱的东西:假如分给你一只台子是10元钱的话,那么你交出1元钱;如果分到的凳子是8元钱,那么公家再找还给你1元钱。

人员方面,许可自愿下放离场,但

当年农牧场落实人员登记表

必须填写一张登记表格,填报自己的姓名、性别、年龄、家庭出身、本人成分、籍贯、家庭人员等一系列内容。自1970年3月至9月,共下放47人(小孩人数不包括在内),嘉北公社17人;凤桥公社四人;洛东公社三人;建设公社两人;东栅公社一人;桃园公社一人;高照公社一人;大桥公社一人;新农公社一人;虹阳公社一人;余新公社三人;曹庄公社两人;七星公社两人。干窑公社一人,大云公社一人;苏北四人;昆山一人;福建一人。

原农牧场职工秦留娜就是当年下放到嘉北公社新兴大队(现木桥港)人员。她出生于1948年,在福利院长大。15岁就进了农牧场,天天割草喂羊,住在羊圈边的宿舍里。后来办了窑厂,她就和许多知识青年一起去掼泥坯,改为机制泥坯后就拉泥坯车,把泥坯拉到场地上垒好。21岁那年,她和新兴大队的青年俞青林结婚。和她一起下放到新兴大队的还有韩朝荣一家五口。

1980年2月11日,嘉兴县革命委员会发出了《关于撤销县农牧场善后处理的意见》嘉革[1980]25号文件:

> 一、县农牧场现有土地537亩,分别交由以下单位接收管理:1.民风造纸厂190亩;2.县农业局130亩;3.嘉兴镇80亩;4.县公安局8亩;5.嘉北公社129亩……另外,县农牧场坐落苏州港(是否为苏州塘之笔误?——笔者注)水面80亩,由双桥农场接收。
>
> 二、县农牧场有关人员的处理安排,统一由民丰造纸厂负责接收安排(另有文件)。
>
> 三、县农牧场所有物资、设备、现金、来往账目等,由县农业局负责接收处理。处理完毕具体清单应抄县财政局一份。

从此,创办二十年的嘉兴县农牧场退出了历史舞台。

民丰造纸厂即时派遣人员,对农牧场的房屋及地上树木进行清点核实。其所接管的190亩土地,就是现在的希尔顿大酒店地块。民丰造纸厂把这块土地用作堆料场,堆放着无数芦竿,都是由大货船装载,从新塍塘直接进入。为了安全防火,把场地建成一个四面环水的"岛"。除了南面的新塍塘,西侧的乌桥港又小又浅,须挖大挖深;北面和东面都须新挖。一条总长度约1500米、宽约30米、深3米的河道,在1980年由木桥港、义庄、亭子桥三个大队的社员手挖肩挑,花了半年多时间完成的。最后河两岸都砌了石帮岸。要出入这个"岛",单凭东面的河道口(新塍塘边)设一只摆渡船。当然闲人不得进入场地。

从此,农牧场变成了堆料场,我们每天可以看到一船船满载芦竿的大船在这里卸料。附近的农民,也就成了卸料工。一个个高耸的柴堆相继垒起。这些柴堆用船运送到民丰造纸厂。

民丰造纸厂堆料场撤出,这里成为一片空地。后来建设了希尔顿大酒店。

(赵忠良)

今希尔顿大酒店为原农牧场所在地

乡村情景　苦中寓趣

——早年乡间二三事

20世纪的六七十年代,嘉北农村中出现过那个年代所特有的现象:一是"西头人"前来买水草;二还是"西头人",前来卖白菜;三是绍兴那边的人前来"通烟煤"。聊聊这些事,从中可见当时农村的生产和生活之一斑。

买 水 草

每到冬季,就有很多"西头人"摇着木船前来嘉兴农村买水草。何为"西头人"? 即是从湖州方向来的人,如吴兴那边。因为该地的位置在嘉兴的西边,故习惯上称其为"西头人"。同时戏称其男性为"西头大阿哥"。

那么"水草"指哪一种草呢? 是当时农民刻意种养的一种生命力、繁育力极强、生长于水面的草,亦叫其为"东洋草",塘汇那边还叫其为"水马兰头"。水草是羊所喜爱的饲料,故又称之为"湖羊草"(尤其是"西头人"更是如此称呼)。水草具有耐贮藏的特点,不管堆积得多高,堆放的时间多长,绝不会发生发热、变色或腐烂等情况。一到冬季,常常会听到发自船上很悠长的声音:"湖羊草卖啦……"

由于"西头"那边,种桑养蚕是当地农村的传统支柱产业,地上遍植桑树。而羊的粪便是使桑树良好生长的最佳肥料,所以差不多家家户户都养湖羊。湖羊吃的饲料，有各种草类、叶类等。到得冬季，"霜露既降，木叶尽脱"，青绿饲料就紧缺起来，而水草正好填补这个空白。当地河里水草的数量犹如杯水车薪，远远解决不了湖羊越冬的饲料问题。于是指望"东头"，纷纷顺流而下，摇着木船到嘉兴来收买水草。

嘉兴一地多河港浜漾。农民养的水草，一小部分作为自家的饲料（家中养羊的农户），极大部分都是出卖给"西头人"。各个生产队把水面一一丈量，分段划分给各农户。初春雨水时节，开始养水草了。养水草成本很低，既不用施肥，又不用治虫。方法是先绞许多较粗的草绳，在草绳上扎上一小把一小把尚未萌芽的水草。然后，再打上桩（可以用毛竹或杜竹），把这些扎着水草的草绳固定在桩上。开始时，水面上只见几根草绳，显得很不起眼。一到夏季，水草开始疯长。经过一个秋季，厚厚的水草覆盖在水面，用力掷一石块也不会被击穿。农民很看重水面的分配，因为大家都想到年终时能卖掉水草获得经济收入。故农户间为了一点点水面而论长道短，争得面红耳赤的事常有发生。

一到冬季，就等着"西头人"前来买水草。买卖双方对某块水域的水草经过讨价还价（具有"市场经济"的色彩）。一般是先行付钱，然后装船。

说说几则在买水草过程中发生的故事。

某次，"西头人"买下了我家邻居的水草，照例是讲定水草范围、价钿，先行付钱而后捞装。当水草装到"船拉子"（船舷）搭水了，河里尚有水草。买者寻思，钱已经付了，放弃实在舍不得，疏忽了船的"吃水"（负荷）问题，只顾把水草往上装，结果船承受不了上面的重量，顷刻下沉并倾覆。这回可把这两位"西头大阿哥"折腾得够苦。好在是木船，借助浮力弄上来，再将水草重新装载。教训在即，当水草装到船舷将要搭水，就再也不敢装了。那些剩下的水草，只好忍痛放弃。

"西头人"前来买水草实在是一件非常辛苦的差事。除了不定会发生事故，如上述的翻船等，还要把满船水草"吱呀吱呀"地一橹一橹推着扳着摇回去。俗话说："余东头，摇西头。"舟向东行，借势顺流，比较轻松；舟往西进,逆水顶风,行进费力。买水草恰值隆冬,顶头的西北风免不了频频光顾,只听得船头的浪花"啪啪"作响。

20世纪60年代"文革"伊始,各大队组织了"贫宣队",抽调部分贫下中农为队员,分别进驻各个生产队以加强"管理"。且说有严姓、卢姓两个队员,把其所驻生产队的一家农户的水草给卖了,得了二十几元钱。两人来个"平分秋色",乐着买烟沽酒。恰巧该户的主人在下午收工回来经过河边,看见自家的水草被"西头人"装了一船,立即惊呼起来。"西头人"赶紧如何长、如何短地说明原委,同时还有几位社员在场为证。由于头上戴有"地、富、反、坏、右"五顶帽子中的一顶,是"阶级敌人",他也知道没办法与"贫宣队"队员争论。面对白白养了一方水草的现实,只得忍气吞声作罢。严、卢两人正是冲着这点来的,如果是贫下中农的水草,量他没这个胆! 最后,这件事被上面知道了,对严、卢下了一个不好好"抓革命促生产"的结论,把他们调到另外一个地方当队员去了。

我家后边的一段水面,也同样养了水草。"西头人"看了,愿出十八元钱买走。刚好有几位生产队社员在前面的田里劳动,他们闻声过来,这个说:"起码值二十五元。"那个说:"没有二十八元是不会卖的。"大家七嘴八舌,使我和父亲坚定了想多卖几个钱的心态,就拒绝了买者的几番请求。后来刮起了连日的西北大风,这块水草在某个夜里消失殆尽。无疑是大风狂吹,加之此河是条急水港,水草随流借风远遁了。虽然我们立即分头赶奔下游寻找,然终无影无踪。原本好端端有十八元钱入于囊中,眼下成为泡影。我们对那天听信旁人的议论追悔莫及。所以遇事应该要有自己的主张。

卖 白 菜

"西头"那边如上文所述遍植桑树。桑树地的垄隙中,于秋季种上大白菜(该大白菜属于青菜之类,梗长叶短,又称"长梗白菜",适于踏"咸鸡菜",而非北方所谓的叶片包裹起来的那种大白菜)。到了冬季,白菜采收起来,用船载来嘉兴出卖。白菜装船，也是有所讲究：内中可任意堆放，四周必须菜心朝里，基部在外，整整齐齐，结结实实，装叠得既多又稳。远眺高高的白菜船，行于长长的河面上，日晖相映，银光点点。

"西头人"卖白菜，嘉兴是首选之地，因为销量大。嘉兴白菜的交易场所，自发地形成于秀城桥、缸甏汇之间的河道中。这里横七竖八地停泊着白菜船。当然，城里居民买上若干白菜去踏"咸鸡菜"是微不足道的，农民才是消费白菜的浩荡大军。农民买大白菜用途有二：一是嘉兴这地方农村里养猪甚多，用以拌和糟糠饲之，这些"二师兄"胃口之大人所皆知，何况一天还要吃三顿；二是踏"咸鸡菜"之数量极大，光一户一大缸就需要几百斤。故有"西头人"直接把整船白菜摇到乡下。有时候到一个浜里，张家300斤，李家500斤，满船白菜一销而空。

买白菜中还发生一则吃"骨头粽"的故事。嘉北新兴大队的王某教人帮忙一起挑着箩筐到缸甏汇买白菜，回来经过北丽桥斜对面的"工农兵点心店"时，用米换了几只粽子（那时无论吃饭或买点心，如果没有粮票的话，必须交上实物，同时交付加工费），给了帮挑菜的人两只表示谢意。接着自己剥开粽子就咬，突然"啊哟"地叫了起来，原来这粽子里面的一段猪腿骨磕碰了牙齿，好不疼痛。说来好笑，当时由于肉品匮乏，点心行业就别出心裁，纯粹用肉骨头做馅包裹之，名曰"骨头粽"。

嘉兴农民的自留地种的菜一般供平时炒来吃的，品种多为"矮大头"，梗短叶大。再则，地上主要种番薯，因为那时粮食讲定量，比较紧张。番薯可以代粮食，比如番薯饭，番薯粥。还有，嘉兴酒厂收购番薯（用作酿酒的原料之一）。人们更多地乐于种番薯。卖白菜之时，正是番薯成熟的季节，不少"西头人"还采用白菜换番薯的办法，带一些番薯回家。

那么"西头人"为什么要把白菜卖掉，那边的湖羊不是要吃青绿饲料吗？何不把白菜充当，免得出来买水草而劳累一场？理由很简单：且不说白菜不易贮藏，主要是经济划算：卖掉一船白菜，可以换回十几船的水草呢。

到了年脚边,"西头人"卖了菜返回时,几乎每条船的两边挂了几个猪头,这是他们在预备过年用的物品。彼处每逢过年,必以猪头、猪前爪、猪尾巴供祭。据一位在湖州练市的远亲告诉,此般风俗习惯,至今犹存。

通 烟 煤

通烟煤不是什么交易,只是通过通烟煤者的劳动,帮助农户疏通烟囱通道,取走烟煤。20世纪六七十年代,"上八府"绍兴地方有人来"下三府"嘉兴地方通烟煤。这"烟煤"为何物?是经过灶肚(膛)里燃烧的稻草所产生的烟雾夹带着余灰在烟囱里积聚起来的物质,乌黑细腻。余灰积于镬子底部的叫"镬煤",对其清除叫"刮镬煤"。通烟煤,就是对烟囱内积聚物的清除。面对当年化肥供应极度有限的状况,聪明的绍兴人开动脑筋,于是就来嘉兴农村"通烟煤"。草木灰本来就是传统的农肥,鲁迅先生的《故乡》中就有这样的话:闰土"要所有的草灰(我们这里煮饭是烧稻草的,那灰可以做沙地的肥料)"。通去的烟煤据说主要是施用于甘蔗。这烟煤是草灰之精华,有较佳的肥效。而嘉兴地方对这种"肥料"视而不见,一任绍兴人取走。

绍兴那边生产队居然给农户摊派一定数量烟煤的"硬任务"。据一位嫁到嘉北农村里的绍兴籍妇女回忆,她十八九岁时在绣花厂做工。一个通知下来,说每户必须交上若干数量的烟煤,不然就不能在厂里继续做工。于是她和其他姑娘还有大妈们结伴到嘉兴来通烟煤。妇女们出来是带着麻叉袋,搭乘火车。等到通得的烟煤数量差不多了,连人带货一起再搭乘火车返回。

男人们一般是由两三人合摇着一条有名的"绍兴船"来通烟煤。这绍兴船与载送游客的乌篷船不同,体积较大。摇船时两个人在船尾左右分立,一人执握小橹,另一人执握大橹,或推或扳,同步配合进行。当然,船舱上盖的棚还是少不了竹篾制作的乌篷(嘉兴地方在水泥船诞生之前,亦大都使用"绍兴船")。就这样,他们白天挨家挨户通烟煤,做饭住宿全在船上。或旬日,或半月,总之盘桓到所通的烟煤足可回去交差了,遂举橹启程而返。他们外出的报酬是生产队里按日记工分的。

当时的农村,家家户户都砌有大灶头作为生活之必需,煮饭炒菜烧开水,俱在灶上进行。灶头的结构有排烟通道——"烟囱"。在农村作为题材的文章中,对烟囱正在排烟的描写少不了用上"炊烟袅袅"之词。

烟囱有横、竖两种形式,一般住瓦房的人家采用竖式,即直接在室内穿透屋面。由于大多数人家住的是草棚,故烟囱以横式居多。横式的烟囱,先平着横行于屋外,经约一点五米处曲尺形(九十度直角)上行达一定高度。何以草棚设置横烟囱?原因是烟囱里冒出来的烟雾带有相当的余温,从"火烛小心"的角度着眼,如此则距离草面远一点,以尽量避防火烛上的隐患。

横式烟囱有一个巧妙的设计,即在直角拐弯处的外端,置一块可以随时开启的"活络砖",便于疏通烟煤。绍兴人用一根既长而韧的毛竹片,从取下"活络砖"的孔中进行操作,但见烟煤纷纷落下,用畚箕倒入麻叉袋。

顺便说说绍兴那边来通烟煤者的装束,无论年长或年轻,头上戴的皆为绍兴传统标志性的乌毡帽。由于通烟煤这门子事,容不得浅色的衣着,因为只要半个时辰下来,早已浑身染黑。就是在脸上,也差不多是"满面尘灰烟火色",唯有一双眼睛(指的是白睛部分)与两排牙齿倒显得分外的白,活脱脱如戏台上的包拯——包龙图。

有一位通烟煤者在一家烟囱上通烟煤,竖上部分烟囱里的烟煤经过"活络砖"孔取出,横着部分里半段的烟煤,最好到屋里面的灶膛取之。然而进入家门是要征得人家同意的。于是,这位绍兴人就对这家的主妇说:"你位阿嫂,我外头通好哉,格么你的里头也让我通得通好勿好?"一边说一边还斜着两只白眼"嘻嘻"地笑,绍兴地方人是富于幽默感的。不意这位主妇理解有误,认为他这样的言语加上这样的表情,是不怀好意,有心调戏与她(即所谓的"非礼"行为)。勃然大怒,开口就骂:"你这贼胚说点啥?厚皮脸(厚颜无耻),还不快给我滚!"唬得这位绍兴人背起麻叉袋拖着毛竹片拔脚就跑,也顾不得灶里面还有好多烟煤。这都是绍兴人过于幽默惹的祸。此事作为笑话在乡间传扬甚广。

　　而今,"湖羊草"早已在河面销声匿迹;买卖白菜是农贸市场里的事情;绍兴人永远也不会再来"通烟煤"了。一切皆为过眼云烟。然而,这些特殊现象与故事,都是当时农业生产状况和农民生活的真实反映,是那个时代留下的印迹。

(赵忠良)

薯藤交易　世态人情

——卖番薯藤的故事

20世纪70年代,农民自留地上大面积种植番薯。围绕着"以粮为纲"这个主题,番薯以粮食作物的角色备受青睐。贮藏番薯留种进而育苗的积极性空前高涨,尤其是双桥、新塍、嘉北等地。

众所周知,贮藏番薯要经历漫长的冬季。窖中温度偏高,则番薯就会"热烂",散发着浓浓的酒味;反之,若温度偏低,则番薯就会产生僵块,肉质暗黑,味苦,称为"冷烂"。因此,控制温度实属至关重要。农民全凭经验行事,若调节得当不出问题,则可培育番薯藤出售于市场,从而获得经济效益。

初春育苗

新年伊始,大家便忙于在门前的道地上整理番薯苗床(俗称"番薯窖"),番薯一个个紧挨着被排于其中。但须遵循"上平下不平"的原则,即不管番薯个头如何大小,其表面得保持一定水平,不能漫不经心地弄得高一块低一块,这样有利于苗的生长一致。

排毕番薯,铺上一层早已准备的松泥。这种泥取自田间,俗称"脚干泥"(经过冬季的冰酥晒白,不容易板结)。浇洒清水后,在毛竹片支撑的拱架上覆盖尼龙膜。待等苗芽生长出来，加强诸如揭膜、施肥、炼苗等日常管理。

丽日辉映着千家万户门前番薯窖上的尼龙膜，好一派银光熠熠。实在是当时农村一道独特的景观。

当地市场

农历谷雨时节，番薯藤陆续上市。种植番薯的时间跨度包括谷雨、立夏、小满、芒种差不多两个月之久。番薯藤就是番薯的苗，长不过十六七厘米，何以称其为"藤"？想必是根据其匍匐延伸如藤状的生长特性而取的这个名吧。所以把出售番薯苗都叫做"卖番茹藤"。

当年嘉兴城内，秧苗种子的交易市场，首推建国路第一百货商店西北面、荷花堤东端那个地方。初夏时节，种瓜点豆，百物待播。从四面八方赶过来的供者求者，熙熙攘攘。这里何以会自发地形成如此人气旺盛的市场呢？一则，原本是闹猛的地方。嘉兴人在描述人多时不是有一句话吗？叫作："轧得来好像丽桥头。"这里正是北丽桥的南堍。再则，农民装载物资往返于城乡之间，一般皆摇船取水路而来，此处河滩头近在咫尺。如此市口，兼得天时地利人和，焉能不闹。有来自桐乡的卖瓜秧者，索性于此"相与枕藉乎舟中"而盘桓旬日，在用稻草编制的"浅盆"中，放上砻糠灰，插上瓜子。很快，出世的瓜秧顶着子壳帽一副滑稽的模样，旋即入市交易。"游丝网要勿要？"正当人们左顾右盼之际，有操着纯正绍兴口音者到得你的跟前，兜售一种小巧的渔具。噢！早已春江水暖，鱼虾活动日趋频繁，正待君举网得之，这仿佛是用另一种笔触点缀着这个缤纷的场面。番薯藤在这里的交易量相当可观。嘉兴盛产斯物，引得外地如萧山、湖州、长兴等地的收客慕名光顾。这样本是调剂余缺，激活市场的行为，那时却有着"投机倒把"的处罚风险。

卖番薯藤有一个不成文的规矩，就是以"把"作为形式，一把一百根（亦有五十根的）。买者问卖者："几钿一把？"即一百根番薯藤多少钱？即使是上行也是如此。那时在塘湾街的蔬菜行应时兼收番薯藤。

至于番薯藤扎缚成"把",其中自有技巧。最具典型的是双桥那边,他们拿出来的番薯藤品相(卖相)极佳:形态扁平,质感硬朗,能迅速吸引买者的眼球。若扎缚得滚圆一把,又是软绵绵的,就相形见绌了,买者看一眼就走开了。试图讨教经验,他们总是笑而不说,守口如瓶。后来闻有传言:是采用平铺相叠,喷洒淡盐水,并在一定时间内加压适当重量使其定型的方法使然。总之,事实面前,你不能不为他们别出心裁的"包装"所折服。

几年前,偶然去得新塍菜市场。正值番薯藤种植季节,我忽然发觉沿街所卖的番薯藤不是"几钿一把"了。你道怎生卖法?一捆一捆的,用秤来称分量而论斤计价了。苏轼《赤壁赋》中有"盖将自其变者而观之,则天地曾不能以一瞬"之语,想这世上万事万物确实都是在不断变化的。区区卖番薯藤方式之变不足为奇。

外出卖藤

由于受到外地收客的启示,我们这里的人也闯到外面的天地去卖番薯藤了。不过多半是小打小闹,在出卖自产番薯藤时顺便收带一些去,运输工具一概是脚踏车。一般是到魏塘、西塘、枫泾、兴塔、金山、平湖和乍浦那些地方。至于价钿,肯定比当地来得高。在外出卖番薯藤的过程中,发生了一些故事。

张某李某

话说张某与李某是同一生产队的。张某有事,把剪下的番薯藤托李某带去枫泾出卖。李回来说:今朝触霉头,被市场管理员看到,说我是"投机倒把"。想溜也没有办法溜掉,他们硬是教我上行,价钿与嘉兴行里差不多。

实际情况是这样的:李某去枫泾卖番薯藤得了好价,便想在带去的那部分上得点便宜,于是"眉头一皱计上心来",自编自导这么一回自以为能自圆其说、像煞有介事的故事,目的是以不露声色的姿态,稳稳地把溢于上行价的钱落入囊中。张某不愚,枫泾也多次去过,该处不产番薯藤,岂有收购之行?分明是自欺欺人,荒唐可笑。但人家毕竟给自己节省了时间,同时也付出了劳力,其情自有可谅之处,也不必斤斤计较于他,因之不加点破。关于这件事,人们在背后议论时都心照不宣。李某贪图蝇头之利自然难免微词,而对张某的处事态度则多加赞赏。退一步海阔天空,不然逼得人家下不了台阶转而恼羞成怒,岂不伤了两家和气?那失去的又何止是几文番薯藤钱?

小学教师

外地市场番薯藤的价钿比本地市场要来得高。人民大队一位农村小学教师了解了这个情况,意欲获一些利以贴补家用。但唯恐被人发觉,趁星期六的薄暮时分收得一些番薯藤,寄藏于东栅口姐夫家中,并宿于其处,凌晨起身,目的地平湖。到得平湖,依稀见街上已有人捷足先登在卖番薯藤了。定睛一瞧,这不是同一生产大队的王某吗?大吃一惊!说时迟那时快,立即掉转车头奔乍浦方向而去。因为这位教师担心自己的行为遭人宣扬,弄得不好,一顶"投机倒把"的大冠把他的教书饭碗给敲砸了。所以来了个"三十六计走为上计"。在王某没看到他时溜之大吉。于此可见,在当时形势下,这位教师的内心世界是何等的战战兢兢、小心翼翼。

甥舅两人

再说有甥舅两人,寻思从来没有人前往松江去卖番薯藤,那边或然有个更好的价也未可知。于是合计去双桥收得数万番茹藤,兴致勃勃蹬车直奔在历史上曾称过华亭的松江。等到日上数竿,仅卖出去十几把番薯藤,情知不妙,连呼上当(反正你上自己的当,又没有谁指使你到此地来,谁叫你不了解情况,鲁莽行事),但为时已晚。原来,松江地方多植棉而很少种番薯。

面对沉重负担的脚踏车，两人神情沮丧，一屁股坐在地上，哪里还有什么劲道蹬着回来。倒亦凑巧，街上正好有一兔子行，遂罢了丢弃之念，以五分一斤之价悉数卖给该行。当然这里的"论斤计价"在本质意义上非同于上述的"论斤计价"，这里的番薯藤成为青草的代名词了。两人满怀希望远途奔波，居然是给松江的一群兔子送去了佳肴。偷鸡不着反蚀了许多米，亏了血本，真正尝到了"乘兴而去，败兴而归"的滋味。摇头苦笑一番，搭乘火车返家（那时有连人带脚踏车一起进入车厢的"棚车"）。

嘉善惹祸

本人也有出去卖番薯藤的经历。一日，我们三人结伴而行。少不得三更造饭，四更出发。初夏时节的下半夜，穿着厚厚的卫生衫卫生裤，感觉还是凉飕飕的。那时的路面非水泥亦非柏油，而是铺上"瓜子片"（细石）。脚踏车轮胎磨擦其上发出"沙沙"的响声。沉睡的村庄近而远之，远而近之。时而有青梢蛇和水蛇疾速地扭曲着身子横越到马路对面。于途闻得蛙之鸣，鸟之语，鸡之唱，犬之吠。

到达嘉善魏塘，卖罄番薯藤还未到早晨八点。我们相互为今日之顺利而庆幸。不意我的脚踏车与一位六十开外的老妈妈发生了碰檫。"咣当"一声，她手中（估计是用于买早点）的钢精盒子不偏不倚地掉落在车子的踏脚下面。我不假思索，随意一脚把它踢开。嚯！这个举动可不得了了，惹恼了路上行人，一下子把我团团围住。有的拧下了车铃，有的拔下了车钥匙，还有的干脆骂起了娘。与我同来的两位见状，急忙帮我打着圆场。群情激昂，众怒难犯。我慌忙俯身拾起盒子，双手递给老妈妈，问："人没事吗?"幸亏这位老妈妈说："人没事，大家让这个小青年回去好了。"才波澜渐息。否则，真不知道该如何收场呢。当时虽未及弱冠，但是也不能因此开脱我举止粗鲁、态度不端、有负父母的教养。遭受众人谴责，活该，咎由自取。嘉善这位老妈妈的仁慈宽厚，使我心中涌动着感激之情。这件事过去几十年了，每念及之，犹然赧颜！庆幸当时没有"碰瓷"现象。当然，从中吸取的深刻教训,使我永远受益。

金山之行

有一次,我与隔壁生产队的小东一起去金山卖番薯藤。俗话说"来得早不如来得巧",倒真有这样的事。那天去卖番薯藤者寥寥无几,而前来买者却十分踊跃。这一多与一少之间便诞生了我们的好运。

我们在街上分开一段距离各自为政摆设摊位。还未到半个时辰,小东走了过来。"番薯藤……卖光了",但见他满面通红,汗出涔涔,连说话也有失流畅了。待我卖罄番薯藤,他即要我帮他核实。他把口袋里的钱统统摸出来数,结果是获利无多。本来,按今天这样的价钿,应该是赚钱的。而对他来说,只能算枉此一行了。原因是小东遭到了许多人的围买,既要清点番薯藤,又要收钱、找钱。人群叽叽喳喳的,顾此难以及彼。显得很慌乱,这就给某些素质低下之流以可乘之机,干起了浑水摸鱼的勾当。因此,有好多番薯藤白白流失。时尚未午,我提议去书店逛逛。小东听了倒也来了劲,烦恼阴郁的表情去了一大半,因他是很爱好看书的。

出得书店,到边上的一家饭馆里吃了一顿油渣面,我主动会钞。饭后略坐片刻,便翻身上车,踏向归程。

当年番薯藤交易之盛况和经历,对现在的年轻人来说是很难想象的。特别是踏着脚踏车到很远的地方去出售。作为亲见亲历者,我在此叙述了番薯藤以及出去卖番薯藤的若干故事,且不必去说可管窥当时的什么世态人情,只不过是对曾经时光的追忆,聊供诸君茶余饭后一笑罢了。

(赵忠良)

嘉塍通衢　奉献精神
——初建新塍公路见闻

新塍有好多的美食,吸引着方圆几十里的人们慕名前去。新塍公路是第一条开通嘉兴至新塍的公路,对新塍的经济发展,有着不可磨灭的历史功用。

你知道在1980年以前新塍公路未建成时,到新塍的交通情况是怎么样的呢? 那时去新塍,经过好多个村,弯弯曲曲走差不多两个小时才能到。如果摇船走水路,往返差不多要耗时一天。

20世纪70年代,嘉兴县人民政府便把修筑新塍公路提到了议事日程。1977年,新塍公路修筑路基的工程就开始了。

修筑时间

嘉兴至新塍的公路,起自嘉兴城北之丰乐桥到新塍镇,全长约17公里。然而丰乐桥至北圣湾约5.5公里,原本是苏嘉公路(20世纪30年代修筑)的一段。因此新塍公路,应该是指北圣湾至新塍镇这段路程,约12公里,当年所筑的即是这一段。

旧时有过一条新塍公路(黄泥路),东首起于北圣湾之北数百米处,一直西行,经钮家桥(在沈家桥村,今尚存)、观音桥(原属新农)而至新塍。抗战期间被日本侵略者破坏了。但自观音桥往西到新塍,还存有一段旧路基,这回被利用了若干部分。

1978年12月底,我刚完成开挖"长山河出海工程"回来,就被生产队派去新塍公路挑路基。其时,路基已基本筑好,然有许多坑坑洼洼尚须加土填补。大部分劳动人员已经撤回,场面已不是轰轰烈烈了。当时的嘉兴县革命委员会在1979年2月2日有关建设新塍公路的文件中明确地说"嘉兴至新塍公路新建工程已经正式施工"。新塍公路开始施工时间应该是在1978年。

新塍公路工程历经两年多而告竣。1980年1月20日的嘉北公社革委会所发的一份文件中说:"建设嘉(兴)新(塍)公路嘉北段的工程,在县委领导下,各大队支持下,已全部竣工,并于1980年1月2日正式通车。"事实上是全线通车,而非单单嘉北的那一段。

人力筑就

新塍公路整个筑路工程基本上都靠人力,可分三个阶段:挑泥填基、铺设路面及建造桥梁。

新塍公路的路基全由农民用肩膀一担一担地挑筑。嘉革[1979]22号文件《关于发动民工新建嘉兴至新塍公路的通知》规定:

> ……路基土方工程由嘉北、高照、新农、桃园、洛东、八字公社和新塍镇分段负责施工,动员社员、居民参加……所需工具自带。

"六社一镇"各设总指挥部,把应承担的路基的土方任务,按比例划分给各个生产大队,再由生产大队逐一划分给生产队,生产队安排社员去挑筑。不论男女老少,工具都自带,无非是土垯、扁担、满锋(一种农具名称)、铁耙等。有时还要带上"砍斧"(一种劈柴的器具),以便挖土时遇到树根而用之砍除。

路基的宽度,早由指挥部人员撒石灰粉放样所定。各自的生产队派几位会做田塍的"高手",用满锋在路基的两边沿着石灰线筑起"田塍",其中即可任意地倒放泥土。

路基所用的泥土取自附近的桑树地或其他高地,把旱地挑得跟水田一样平,就变成水田种植水稻。就近的地先用,如果不够,延伸到远一点的地上去取(水田里是绝对不能取土的),最远的地距离有三百余米。社员群众的劳动积极性很高,工地上欢声笑语,一派热火朝天。经常会出现有人挑着担子互相追逐比快的富有戏剧性的场景。还有比赛哪个挑得量重,结果非得把坚韧的扁担挑折几根不可。我们生产队去挑路基的社员大都回家吃中饭,因为路近。离家较远的生产队,比如从王坟山、小白荡那边赶来的社员,路较远,若中午回家吃饭,起码折腾一个半小时。所以,他们都在早上出工时带上饭菜,在工地上吃中餐。那时还没有保温的器皿,盛在搪瓷杯里的饭菜早已凉透,可他(她)们却笑着说:"吃到肚皮里就变热了。"说实在,正是凭着广大社员群众的这种艰苦奋力、乐观忘我、淳朴善美的精神,硬是用一根扁担、两个肩膀完成了繁重的路基土方工程。

原嘉北公社宇四浜村的年浦湾(亦称年婆湾)河道上要做路基,于是发动社员群众猛干、苦干、突击干,挑灯夜战,很快填平了老河,筑起了路基,同时挖出了新的河道。

当时筑路没有轧路机,怎么办呢?几个十四五岁的放牛娃骑着几头牛,在新挑的路基上来回走着。这些牛每头有几百斤重,四个脚踩在泥上发出"吱吱"的声音,所到之处,留下深深的脚印,如此反复踩踏,便把路基弄得结结实实,效果很好。因为路基挑上去的泥很厚,所以这些牛要分层多次踩踏。当泥挑到一定的厚度,附近的生产队就牵着牛来"轧路"。这种土法上马、"人牛合作"的景象,体现着劳动大众的智慧。

挑泥填土筑路基的第一阶段工程完成后,接着便是铺设路面了。在泥土基础上,先是铺垫一层石块。这种石块大小不等,规格各异,但都为一个人所能搬得动。那么多石块是怎么铺到路基上的呢?

石块由公社运输队装运到三个地方：一处在新塍塘三里塘桥附近的岸滩上；一处在石臼漾的边上；还有一处在原农牧场的乌桥港边上。这些石块是机驳船从山里拖运来的。这三个地方的石块用于新塍马路的东半段（从北圣湾至竹管泾港）。生产队派农船到这三个地方装石块，一般两个人一条船，早上开船，傍晚收工。他们将石块搬下船，摇到路基边的岸边，再将石块搬到岸上，一天往返两趟。那时农民是不注重劳动保护的，搬石是赤手而不戴手套，碰损肌肤流点血自然是经常发生的事情。他们劳动的报酬，和挑泥填基的所得报酬一样，是生产队按日记工分参与年终分红。据一位当年曾摇船搬石的金文祥老人（现住木桥港北区）回忆：运石可比挑泥填基略可多得一些现金补贴。按装石船次计算，卸石处有一人负责记录。

装过来的石块由社员用"板车"从河岸拉到路基上。"板车"是土制的，结构很简陋：一个长方形的木架，底部的横档较密，铺上竹片，除前面外，左、右、后三面栏板（也是钉上竹片）；车架下面装着两个轮胎的铁轴。

从河边把一车装满石块的"板车"拉到路基上，非常累，一个人是很难拉动的。所以一人在前面拉，一人在后面帮着推。据一姓邵的人说，他当时十一二岁，帮其哥哥推运了半个月的石块。他也看见有其他小朋友和自己一样，帮着大人推运石块。因为运石铺路亦有现金补贴，为了能多得补贴，大人就把家里的小孩子拉出来帮忙。

石块铺好后，再加铺一层塘渣（一种颗粒较小的黄石子拌和着石粉的物质），然后再铺上"瓜子片"（一种碎小石子）。如此，经过差不多一年的光景，路面工程结束。

新塍公路所跨河道甚多，在这段约12公里的道上，共有桥梁13座，分别是：光辉桥、严婆湾桥、金鱼桥、新开河桥、伟跃桥、沈家桥、庙桥、升罗桥、竹管泾桥、观音桥、妙智桥、万兴桥、红眼睛桥。后来高速公路穿过，又架了一座"龙王庙立交桥"，据说旧时此处有一龙王庙，故名。这13座桥梁全为新建，承建单位是嘉兴桥梁队。我曾造访了一位现住东方路锦绣新家园从桥梁队退休的陈惠根师傅，当年他作为技术人员，受派遣参加了新塍公路桥梁的建设工程。陈师傅对建桥的情况回忆如下：

当时新塍公路嘉北段的总指挥是柳好观（原跃进大队党支部书记）。桥梁队仅派来几个造桥师傅（技术人员），需要用多少当地民工，就告知老柳，他就把名额分配到各大队。每个大队都派人来，其中有不少是下乡知识青年。民工吃住都在工地。有些知青干不了，老柳就和生产队协商换人。民工按照造桥师傅的安排，用混凝土拌浇两边桥堍基础，用石块垒叠桥堍，在河道中打桩搭架子等等。等到做好桥堍，桥梁队派起吊船把拱形的桥面（预制品）运来并进行安装。新塍马路上所有的桥梁建造差不多同时进行。由于河道不宽，都是规模较小的桥梁，故建造一座桥梁从开始到竣工，大概为三个月左右。

农民的奉献

新塍公路的路基工程由"六社一镇"的民工完成。建桥工程，除属于技术方面外，基本上也是民工完成。当时分配给"五社一镇"（桃园公社不列入）建桥工程和路面建设的名额是这样的：新农公社70人，嘉北公社60人，高照公社30人，洛东公社40人，八字公社40人，新塍镇20人。

新塍公路整个工程中，参与建设的"六社一镇"所付出的劳动力是相当大的。仅以嘉北一社为例就有如下的数字：总投放劳动力36796.5工，其中挑路基16881.5工，开年浦湾新河2781工，填年浦湾老河2278工，建桥9497工，路面5359工。

新塍公路的建设，农村奉献了大量劳动力外，同时还奉献了一定数量的农田，以嘉北公社为例，筑路所占用耕地面积：胜利大队田8.66亩；前进大队地1.5亩；伟民大队田18.725亩；跃进大队地6.88亩，田76.37亩。合计地8.38亩，田103.755亩。嘉北公社革委会当时向嘉兴县财政税务局报告，要求对所占用的上述耕地核减农业税，即时获得税务部门的同意批复（减免自1978年起算），这是政府体恤民情的具体落实。

新塍公路建成通车的初始时期，路面最上一层是细石粒子。汽车通行时经轮胎的轧擦,使得中间的石子被挤到了两边。嘉兴公路段雇请农民工来养护。当时,跃进大队(今沈家桥村)的卢明谦、邵全华,新兴大队(今木桥港村)的徐金甫等都当过养护工。他们使用较大的竹制硬丝扫帚,把路边的石子往中间推。这样一干就是好几年,直到改成柏油路面了,这些养护工才得以完成历史使命。这时农村里来的养护工的报酬,已非如前的记工分了,由嘉兴公路段负责发放工资,因为马路已为其所接管。

现今公路初建的桥梁,随着汽车流量和载重量的增加,自然不堪重负,基本都予重建。公路两旁的行道树,原本是黑杨一类。这些仰首方能见到其冠的大树,后来被香樟树所替代了。

(赵忠良)

劈波斩浪　平安航行

——嘉北运输队

　　20世纪60年代后期，嘉北公社备有一艘30匹马力的15吨水泥机船，驾驶员是立新大队（现在的义庄村）的青年陈关春。驾驶证是经考试合格，由当时的"嘉兴县浙航分公司"颁发。

　　陈关春驾驶机船，帮助供销社装运货物；把农牧场的桃子运送到嘉善西塘；把桐乡大白菜运送到江苏无锡等。机船除了装货外，好多时间还用于载人。比如，公社组织生产队长等人员去外地参观，就由该船运送。有一回，还专送公社书记袁木金一人到苏州出差呢。

　　1970年冬，陈关春应征入伍，光荣地成为上海高炮三师（地面空军）的一名战士。部队首长了解了陈关春在参军前，在柴油机的操作维修方面有一定的经验，就专门送他到上海柴油机厂培训。经过四个月的学习后，被安排在雷达部队柴油机发电的工作岗位。

　　1977年陈关春从部队复员。1978年，嘉北公社组建船队（社队企业之一）搞水上运输。按照复员军人优先安排进入社队企业的原则，况且陈关春又对柴油机比较精通，公社挑选他到船队当船老大。

　　嘉北船队编号为"嘉兴副运4号"，共有13艘船。其中木制拖轮一艘，长20米、宽5米，马力120匹。是从上海嘉定运输公司购进的旧船，经过嘉兴马桥船厂检修。其他12艘皆为水泥船,分别为:20吨八艘,25吨两艘,都是江阴船厂制造。两艘30吨的是嘉兴水泥造船厂的产品。

拖轮共设五名人员:正副老大各一人,队长一人(负责政治思想工作这一块,不涉及业务),水手两人。每艘船上配备两名船员(工人)。大部分船员的月工资为28元,少数几个为30元。船老大、队长为31元,是"封顶"的工资了。

船队的业务是装运砂石。从海宁尖山石料厂把砂石运输到指定的码头。那边最欢迎这样的小型船队。什么原因呢?说来令人有点难以相信。原来进入该石料厂的河道狭窄,容不下大一点的船只。如果有大船队前去装货,石场就要专门雇了绍兴人(从绍兴来打工的人)用小船驳出去。这样,既麻烦又增加成本。因此,小型船队是最适宜的,可以直接开到码头装货。

由于船队的业务及其他的一些问题,运输搞得不太景气,甚至有年亏损达六千元的情况出现。当时组建船队时向嘉北信用社的贷款也还不出,信用社十分焦急。鉴于各个行业都有个体户涌现的事实,根据当事人的意向,1985年4月11日,嘉北工业公司(甲方)与陈关春(乙方)签订了一份协议,把整个船队转让给了陈关春,并帮助办理了过户手续。

协议的全称为"嘉北运输队将船队售给陈关春的协议书",售价为五万七千元。为了配合还贷,乙方保证分三期把售船的钱款付清:1985年4月底前交付两万元;至年底前交付两万元;其余的一万七千元,在1986年6月底前付清。这份协议一式五份,除甲乙双方各执一份外,报嘉北乡政府一份、城区公证处一份以及城区工商所一份。

当时的五万七千元,对于个人来说,是一个惊人的数字。陈关春根本拿不出这么多钱。是石料厂帮了大忙,买下船队的钱由他们来垫付。所以说没有石料厂的撑腰,陈关春就没有买下船队的底气。那么为何石料厂会如此大方地帮助陈关春呢?分析起来,不外两方面的原因。一是双方在多年交往中诚信相待,厂方对陈关春这个人很了解,对其的信任度极高;二是如上所述，这种小型船队是石料厂最为欢迎的，多多益善，有利于增加更多的砂石销量，以创造更高的业绩。至于石料厂的垫付款，约定在三年内从运输费中予以收回。

船队货船

陈关春从1985年5月开始，成为水上运输的个体经营户。船队拖轮上还是设五人。其中正、副船老大负责驾驶、指挥，正、副"老轨"负责开机器（都必须取得相应的资格证书）。使用的公章为"嘉兴市环城运输业"，公章中间镌刻着"陈关春"三字。船队的航线（区）由"浙江省嘉兴市地方海事局"核定范围，包括黄浦江和安徽省、江苏省、山东省、上海市、浙江省的内河。陈关春虽然有了自己的船队，但业务和以前一样，一概由"嘉兴航管站"负责调度。具体操作是，石料厂有一位姓戴的业务员常驻嘉兴饭店，他把需要砂石的码头通知嘉兴航管站，由嘉兴航管站下指令给船队，把货装运到各个所需的码头。

卸货地点（码头）不定，近的在嘉北石臼漾，远的到上海南汇、奉贤等。嘉兴南门、小西门有运输三区和二区的两个专用码头，陈关春船队经常在那里卸货。这些砂石供应于"浙建三公司"的建筑工地，包括当时在建的中山路上的商业大厦、阳光大酒店以及320国道（今之中环路）等。

装货、卸货基本在白天进行,开船航行则日夜兼程。运输费是这样划定的:出发地至目的地在65公里以内,每吨2.20元;超过65公里至100公里的,每吨3.00元;100公里以上另行商议。运输费款项由嘉兴航管站开具发票结算,打到开户银行嘉北信用社。至于船员的工资以及柴油费用是石料厂直接给船队支付现金,因为要按时发放船员工资和用于购买柴油及修理等。

　　陈关春驾驶船队,始终把安全放在第一位,平时一直向船员进行安全航行教育,要求每位船员在航行中高度集中精力,不开小差,确保航行安全,以维护船队的利益和自身的利益。在整个航行期间,以平安无事著称。当然,一点事故都不发生也是不现实的。总共还是有过三次沉船事故。一次是在海宁的航道中,船队中间的一艘船突然船底漏水,顷刻间就沉入水底。第二次,船队开到九里汇的地方,其中一艘船的一侧碰撞到河里的石块,船内迅速进水,沉没在新塍塘。再有一次是在嘉兴狮子汇,一艘船由于转弯时操舵不当,触石沉没。所幸无有人员伤亡,后果并不严重。说到这个沉船事故一旦发生,控制无望,必须果断地采取紧急处理措施。即把连接前后船只的固定铁索缆的销子迅速拔下,任其沉没。否则势必拖累其他船只,乃至整个船队,从而造成无法估量的损失。所以拔下销子,任其沉没是把损失降低到最小限度有效的办法,是真正的"丢卒保车"。有人说,发生沉船事故了,使用船上所备的斧子(称为"太平斧")砍断铁索。事实上不是这么一回事,很粗的铁索,一下子怎么砍得断呢?而拔出销子只需要一刹那的时间。

　　沉船事件一发生,立即报告嘉兴打捞队。打捞队会及时派水上机械设备和人员过来。打捞沉船的费用由投保的保险公司负责。

　　航行过程中,还发生过船员不慎跌入河中的事情。陈关春的妻子李彩凤(船员)跌入河中有八次之多。船员跌入河中,因穿着厚厚的救生衣,沉是沉不下去的,但总归要受惊一场。同时还要呛水,如在冬季掉入河中自然还会冻得浑身瑟瑟发抖。

　　陈关春作为水上个体经营者,每年承担了几个部门不等的费用。如缴纳"水上公安分局"开具通行证的费用;工商、税务登记部门的管理费用;还有每年不少于五千元的航道收费;更有航管站的运输调度费用(按运费的百分比收取)。

　　陈关春经营了三个年头,算算自己没有挣到多少钱,再加上船员的工资都将要往上大幅调整,更不用说还存在着出事故的风险,经过一番权衡后,决定解散船队。把木质的拖轮拆了,当作建房的门窗材料;其他船只一一卖掉,回收了四万多元钱。用这些钱建造了四楼四底的二层楼房。

　　陈关春在保留的一艘 30 吨的船上,安装两台柴油机(双挂桨),和妻子二人继续做他的小本水上运输生意,把石料厂的砂石运往上海、苏州等所需的许多建筑单位。这回是自己联系业务,自己结算货款,一直到 2008 年才结束水上运输的生涯。

　　回想船队经营水上运输业的三年,陈关春履行了售船协议的所有承诺;如期还清了嘉北信用社的贷款;还清了石料厂垫付的售船款;解决了三十来号人的就业。同时,累计上缴各类费用应该是一笔相当可观的数字。总之,为国家和地方的建设发展事业做出了一定的贡献。

(赵忠良)

武装斗争　建立功勋

——吴嘉湖独立团诞生记

新桥庙位于现嘉兴市秀洲区新城街道九里村北部。这里是典型的江南水乡,河网交叉,土地肥沃,人们勤劳耕耘。但在1949年前,这里土匪称霸,横行乡里,民不聊生。

中华人民共和国成立前,新塍地区的中共地下党组织活动十分活跃,尤其是沈如淙的出生地沙家浜。新桥庙在沙家浜以东约两千米处。沈如淙也在这里发展党员,建立党支部,开展地下活动。新桥庙小学是中国人民解放军江南军区直属吴嘉湖独立团(以下简称吴嘉湖独立团)的诞生地。吴嘉湖独立团是嘉兴第一支中国共产党领导的武装部队。在迎接嘉兴解放,阻击溃败敌人,保护人民群众等工作中,发挥了巨大的作用。

1941年,中国共产党嘉(兴)桐(乡)工作委员会派共产党员沈如淙打入国民党新塍区署,任区署教育指导员,兼任康和桥小学校长。沈如淙如鱼得水,掌握了乡村小学这块阵地,既能把一部分地下党员隐蔽安排下来,又能在广大农村站住脚跟,开展工作。他把地下党员安排到新塍区的各校任教。地下党员张韵秋就被沈如淙安排在新桥庙小学任校长,在当地开展地下活动,发展共产党员,建立农村党支部。

笔者于2012年9月19日去中共嘉兴市委党史研究室摘录了现九里村

在新民主主义革命时期的地下党员名单,制表如下:

新城街道九里村新民主主义革命时期地下党员名录

姓名	性别	出生年月	籍贯	入党年月	介绍人	所在党支部	备 注
王五二	男	1911	绍兴	1941.8	罗金友	鸡头浜支部	1989年病故于嘉兴新农乡
王阿跃	男	1916	绍兴	1942.2	王五二	鸡头浜支部	嘉兴丝厂离休1988年病故
房庭训	男	1920	嵊县	1942.4	王五二	鸡头浜支部	1990年病故于嘉兴新农乡
任嘉根	男	1920	绍兴	1942.4	王五二	鸡头浜支部	后去江苏省盐城工作
陈仁水	男	1918	嵊县	1942.4	王五二	鸡头浜支部	参加新四军牺牲
妙叶根	男	1914	绍兴	1942.4	王五二	鸡头浜支部	1954年病故于嘉兴桃园乡
赵友良	男	1917	绍兴	1942.5	房庭训	鸡头浜支部	1945年病故于嘉兴凤桥
沈阿水	男	1913	绍兴	1942.7	王五二	鸡头浜支部	1944年病故
朱金富	男	1909	绍兴	1942.8	妙叶根	鸡头浜支部	1976年病故于嘉兴虹阳人民公社
金阿土	男	1913	绍兴	1942.8	王五二	鸡头浜支部	1960年病故于嘉兴虹阳乡
杨阿狗	男	1925	绍兴	1946.1	王五二	鸡头浜支部	德清农机厂退休
杨阿嘉	男	1918	绍兴	1946.1	妙叶根	鸡头浜支部	1954年病故于嘉兴桃园乡
庞加柄	男	1917	嘉兴	1948.6	赵关生	九里汇支部	
俞天声	男	1911	嘉兴	1948.8	赵关生	九里汇支部	1984年7月病故于嘉兴新农乡
姚一鸣	男	1910	嘉兴	1948.8	赵关生	九里汇支部	1950年脱党
徐仁观	男	1913	嘉兴	1948.9	赵关生	九里汇支部	1990年病故于嘉兴新农乡
王德兴	男	1927	嘉兴	1948.9	沈如淙	九里汇支部	1951年劝退出党

姓名	性别	出生年月	籍贯	入党年月	介绍人	所在党支部	备 注
庞仁观	男	1919	嘉兴	1949.9	庞加柄	九里汇支部	1956年退党 1973年病故
任阿银	男	1918	嵊县	1942.6	王五二	鸡头浜支部	解放后退党
姚柄祥	男	1914	嵊县	1943.8	王五二	鸡头浜支部	1976年病故于嘉兴新农人民公社
沈世英	男	1924	嘉兴	1948.7	沈如淙	张家浜支部	1980年病故（新塍运输站工作）
马传生	男	1918	萧山	1947.3	毛国荣	张家浜支部	新塍煤球厂厂长
周阿祥	男	1925	海盐	1942.8	王五二	鸡头浜支部	新中国成立后退党

说明:

1. 房庭训,别名为小红喜,徐仁观的另一个介绍人为毛国荣。

2. 周阿祥的另一个介绍人为房庭训。

3. 庞加柄别名为唐小弟。

4. 沈世英、马传生是九里村蒋家浜人。

5. 王五二的入党时间在原资料中打了"?",其后代称是1938年入党,因为在一次转移中被敌人发现,原资料全部烧毁,1941年补全,故定为1941年。

6. 本名录摘自中共嘉兴市委党史研究室内部资料(无档案号)。

从上表中可以看出当年在九里汇及以北区域的地下党活动已经十分活跃。鸡头浜原属虹阳乡,1998年并入王江泾镇,按照惯例,鸡头浜党支部应在现虹阳鸡头浜那个区域,而现九里村没有鸡头浜这个地名。但上表中的人员,确是现九里村的人。为什么现九里村没有鸡头浜这个地名,而取名鸡头浜党支部,还有,为什么就在王五二家南一千米左右的九里汇,也成立九里汇党支部,这些已无法查考。

1948年7月1日,中共吴(江)嘉(兴)工作委员会领导的武工队(游击小组)正式组成并开展活动。武工队共有10名队员,每人一支手枪。武工队队部设在九里村王五二家里,白天隐蔽,晚上活动。王五二长工出身,入赘裘家,有十多亩土地,几间大草棚坐落在竹林中,是隐蔽的好地方。王五二对党忠心耿耿,经常冒着危险为武工队送信。有一次,他日夜兼程,步行苏州完成送信任务。他的儿子裘继发(现九里村村民)经常为武工队放哨,保护武工队的安全。武工队在九里村积极发展地下党员,开展地下活动。王五二成为10名党员的介绍人。

武工队队员相互间不叫姓名,以结拜兄弟相称。老大沈英杰、老二顾阿二、老三沈如淙、老四顾阿坤、老五管宝善、老六钱福宝、老七曹云山、老八金佩杨、老九张时良、老十马传生。游击小组的任务是先小后大,先秘密后公开,先搞好群众基础,建党建基地,后发展队伍。这个游击队的建立和活动,为后来成立吴(江)嘉(兴)湖(州)独立团打下基础。

1948年9月,形势发生变化,武工队员分散活动,沈如淙去上海川沙隐蔽。同年12月,中共吴嘉工作委员会根据上级指示组建"中国人民解放军江南军区直属吴嘉湖独立团"。1949年2月5日,沈如淙回到新塍接受组建任务。他和金佩扬、刘先正三人研究独立团人员的组成:原来的武工队成员,再吸收部分地下党党员为骨干;策反各乡镇国民党地方武装起义;动员工人、农民、知识分子参加。独立团的任务:一是扫除大军解放嘉兴的障碍,配合解放军解放嘉兴;二是开展政治攻势,宣传党的政策,宣传三大纪律八项注意,教育群众,稳定社会秩序,警告嘉兴国民党党政军当局严守岗位,不许破坏,听候接管,立功赎罪;三是阻击溃敌,保护交通,修桥护路,保护粮食。

接受任务后,刘先正负责策反王江泾、双桥、及以东乡镇及金选任、俞金水(原系张鹏飞部大队长)、汤连成(原国民党嘉兴水警护航队队长)等地方武装;沈如淙负责策反新塍周围乡镇及顾炳耀(原国民党国防部嘉兴预干团成员,沙家浜人)等地方武装。

经过两个多月策反和组建工作,连同原武工队队员和群众,顺利完成预定计划和目标,总共有四百多人,四百多支枪,成立吴嘉湖独立团的条件已经成熟。

成立大会在新桥庙小学举行。因为这里有较好的群众基础,距离嘉兴县城较远,又是策反区域的中心,便于各路策反部队汇集。

1949年4月19日上午,各策反部队聚集到新桥庙小学操场;下午,举行成立大会。团政委沈如淙代表中共吴嘉工作委员会宣布:中国共产党领导的中国人民解放军江南军区直属吴嘉湖独立团成立了。他热烈欢迎各地方武装起义成功,加入独立团。因为独立团是中国共产党领导的队伍,每个人都是革命战士,与任何旧部队不同。他要求大家要遵守三大纪律,八项注意。同时,他布置了四大任务:第一,迎接解放军,配合解放军解放嘉兴;第二,阻击溃敌,扫清障碍,保护人民群众;第三,宣传共产党、解放军的政策,宣传三大纪律、八项注意;第四,我们的队伍来自四面八方,要搞好团结,服从命令听指挥。最后,沈如淙宣布独立团领导人员。大会在一片热烈的掌声中结束。

成立大会当晚,独立团获悉江苏省来的保安大队的一个连从新塍向嘉兴方向溃逃,晚上住在鲶鱼坝。独立团三营立即发起攻击,击溃该连,俘虏该连连长,打了第一次胜仗。4月22日夜,独立团一营组织十多人的小分队,利用内情关系,在半夜以迅雷不及掩耳之势,袭击了嘉兴南门杨柳湾的一个国民党武器仓库,缴获三八式步枪18支,冲锋枪两支,捷克式机枪两挺,弹药两箱,取得又一次胜利,大大鼓舞了独立团全体战士。

而后,团长刘先正带领三个营到双桥、王江泾负责修桥护路,保护粮仓,阻击溃敌,接应从苏州南下的解放军;沈如淙带警卫连到新塍一带阻击溃敌,接应从湖州方向来的解放军。

1949年5月6日,中国人民解放军第二十七军七十九师二三六团解放新塍,第二天上午进入嘉兴;同日下午中国人民解放军第二十九军从苏嘉公路进入嘉兴。从此,嘉兴回到了人民的怀抱。是日,中国人民解放军第二十九军政治委员张藩率部到达江苏吴江县盛泽镇,召见吴嘉湖独立团领导人,在听取该团团长刘先正汇报情况时决定,将吴嘉湖独立团改编为中国人民解放军吴嘉湖独立大队。10日,召开大会正式宣布二十九军政治委员张藩的命令。独立大队由七个中队整编为六个中队,共四百四十余人。

大队长刘先正,政委沈如淙,副大队长金选任。至此,吴嘉湖独立团完成了历史使命。

而后,中国人民解放军吴嘉湖独立大队迅速投入维护嘉兴的地方秩序和肃清城内外的散匪工作。

现在,新桥和新桥庙都被拆除,新桥庙小学也不再存在,但这块地方人们永远不会被遗忘。

(周振明)

旧时协议　诚信为本

——一份民国时期的"笔据"

我收藏了一份民国时期的"立顶盘田地笔据"（以下简称"笔据"）

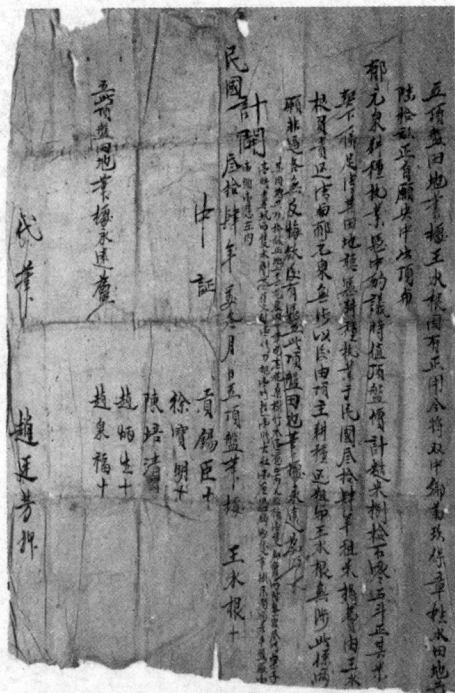

"笔据"原件1

"笔据"原件2

"笔据"全文

立顶盘田地笔据王水根因有正用今将双中乡第玖保章姓水田地共陆拾亩整自愿央中出顶与郁元泉耕种执业凭中酌议时值顶盘价计糙

米捌拾石零伍斗整其米契下一并足清其田地听凭耕种执业于民国三十四年之租米捐费由王水根负责还清与郁元泉无涉以后由顶主耕种还租与王水根无涉此系两愿非逼各无反悔欲后有凭立此顶盘田地笔据永远为照

计开其田地共陆拾亩整地上春花及田中草花桑树竹木一应在内又稻桶一只脚箩两对垫皮三张桌子一张粪坑两只水刚一只犁一张刀把一张超一张大灶一座汤锅两只草棚三间两居车盘厂一个一应在内

民国三十四年季冬月日立顶盘笔据　王水根十[①]

中证贡锡臣十徐宝明十陈培清(印)赵炳生十赵泉福十

立此顶盘田地笔据永远为照

代笔　赵廷芳押

"笔据"为繁体书写,这里已改简体。我在走访几位老前辈后,对其全文作如下断句:

立顶盘[②]田地笔据[③]

王水根因有正用,今将双中乡第玖保章姓水田地共陆拾亩整,自愿央中出顶[④]与郁元泉耕种执业。凭中酌议:时值顶盘价计糙米捌拾石零伍斗整[⑤],其米契下一并足清;其田地听凭耕种执业于"民国"三十四年,之租米捐费由王水根负责还清,与郁元泉无涉。以后由顶主耕种

---

① 十,旧时画押的符号。

② 立顶盘:立,签订;顶盘,旧时指买下倒的工厂或商店,继续营业,这里指转让。立顶盘即签订土地使用权转让协议。

③ 笔据:契约、协议、合同。

④ 央中出顶:出顶,旧时把自己租到的房屋转租给别人。央中出顶,指双方当事人邀请中央人(见证人)一起讨论并拟定土地转让事宜。

⑤ 捌拾石零伍斗整:一斗为15斤,一石(音担)合10斗,为150斤。共12750斤,为6375公斤。

还租，与王水根无涉。此系两愿非逼，各无反悔。欲后有凭，立此顶盘田地笔据，永远为照。

计开①：其田地共陆拾亩整。地上春花及田中草花（应为花草，即紫云英）、桑树、竹木一应在内。又，稻桶一只、脚箩两对、垫皮三张、桌子一张、粪坑两只、水刚（缸）一只、犁一张、刀把（耙）一张、超（耖）一张、大灶一座、汤锅两只、草棚三间两居②、车盘厂一个，一应在内（改原件之繁体字为简体）。

这一份"笔据"实际上是一份"土地使用权转让合同"。所署的时间为"民国三十四年（1945）季冬"，正是中国人民抗日战争暨世界反法西斯战争胜利那年的年底，距今整整有七十个年头了。它是一份民国时期记录在双中乡第九保的一次土地转让活动的文字资料。双中乡第九保，经考证在原嘉北境域内的沈家桥村一带。

记述的"垫皮"是以竹篾经"竹匠"手工编制而成的物件，每一张长约五米，宽约三点五米，平铺地上，供晾晒收割起来的稻麦之用。"车盘厂"乃是安装"车盘"（汲引水的木制设备），利用牛力进行引水灌溉的场所，四周竖立柱子，上面的顶棚覆盖稻草以遮阳避雨，一般固定在地形比较有利的河边。

"笔据"的效力

"笔据"反映了当时的土地流转情况，是一份书面形式表现的"土地使用权转让合同"，对双方当事人（转让人与受让人）的权利、义务及责任等做了明确的规定。然而只有转让人（王水根）签字画押，而没有受让人（郁元泉）签字画押，而却有多位的"中证"人（从中作证见证的人）签字画押。这

---

① 计开：逐项开列。
② 三间两居：一种草棚形式，即朝南三间、东西两间各向南延伸一间，呈"凹"字状。

与现在订立合同的形式相比则大有区别。现在如果订立此类性质的合同，必须有双方当事人的签字确认，倒不必有"中证人"的出现。看来这应该是当时民间传统的约定俗成，并不影响双方当事人的自觉约束效力。同时"中证人"对整个过程的见证，则是使双方当事人履行合同的重要保证。"中证人"是指受当事人邀请，一般是在乡间说话比较有分量且主持公道的人。其身份地位是中立的，与当事人之间没有利害关系。

"笔据"中对标的物(土地)转让价值(费)的评估，以及随同一起无偿转让的地上附着物(如春花、竹木、桑树、草棚、车盘厂)，还有部分农具等等皆一一开列清单，这就是"中证人""凭中酌议"的结果。"凭中酌议"的概念，应该是"中证人"与当事人一起讨论并拟定一个使双方都能够接受的合情合理的方案。由此可见，"中证人"在"笔据"的订立以及后来的整个履行过程中，着实充当了见证、监督、保证从而使当事人"各无反悔"的不可或缺的角色。

这里来插叙一个旧时关于"口头合同"的效力问题。

旧时，邻里之间或他人之间发生矛盾引起纠纷，陷入了一个"公说公有理，婆说婆有理"的僵局。这时，当事人可相约在公众场合——一般是到茶馆里议论是非曲直。于是邀请一至二位较受人们尊重的所谓"台面上人"秉公主持。经劝导化解，最后达成共识，息事宁人。在双方表示接受"调解"之余，理亏的一方(输家)更是心悦诚服地掏口袋付茶钱。这就是所谓的"吃讲茶"，是旧时民间通行的一种调解方式。这种方式还适用于借款事宜，对此就不予赘述了。

"吃讲茶"的调解方式，不留字据，全凭口说，纯粹是"口头合同"，当事人一体遵奉，决不出尔反尔。然而，不管是"书面合同"，还是"口头合同"，真正做到说话算数，"各无反悔"，归根到底，全赖人们所崇尚的"诚信"美德。抛开了"诚信"就一切都无从谈起了。

"笔据"中的"土地使用权转让"费是以"糙米"——实物作为结算单位，反映了当时社会币值的不稳定性。

这份"笔据"记录、见证了20世纪30年代,发生在嘉北境域内的一次"土地使用权转让"活动,是当时时代的定格,社会的缩影。从中可以看出:社会生产力极其低下,生产资料(土地)由少数人垄断,农民深受剥削;以实物作为交易信物,可见社会币值动荡;淳朴的乡俗民情,体现了"诚信"美德。

(赵忠良)

第二章
亲历亲闻

兼顾耕读　培育人才

——耕读高小班

中华人民共和国成立以后，人民的物质生活水平不断在改善，文化需求也随之提高。那么，教育又是怎么一步步跟上来，一直到今天？对此，许多人可能逐渐淡忘，更多的人则是一无所知。

我是从事农村教育工作近四十年的退休教师。从1965年起，伴着农村教育事业的逐步发展走到今天，回首往事，感慨万千，留些文字以作纪念。

我出生在一个普通的农民家庭。小时候父亲多病，家境十分贫困。但有幸的是我竟幸运地读完初中（初中开始享受国家甲等人民助学金），再读高中，1961年毕业于嘉兴一中。高中毕业时，正遇国民经济调整时期，我没考上大学，只好回家务农。

当时，我们这个村叫嘉北人民公社新兴大队（即现在的新城街道木桥港村）。这个大队中华人民共和国成立后只有一所学校，设在土改时没收的地主家里。学校有两个班级（一至四年级），五六十个学生。二位教师，各教一个复式班。因为没有高小班，从五年级开始不能在本大队读书。要读高小，最近也要到公社所在地顾家浜。可是路远，孩子年龄小，那时都是泥路，交通十分不便，大部分孩子都到四年级就辍学了，失去了继续求学的机会。为了方便孩子求学，多年来，有不少家长向公社、大队提出要求办个高小班。公社里则认为没有条件办高小，一是缺少师资，二是教室也没有。当时，大队的老书记叫董连生，旧社会是个长工，一字不识，但他很关心文化教育。1965年，董书记就找我谈话要我教高小班。他谈话很简单：因为五年级以上的学生要帮助家里劳动，就读上午半天，下午让他们回家参加劳动；老师的报酬按上课的天数实记实补，每个月大队里撕误工票；高小班的教室就设在大队办公室楼上。当时公社中心校十分支持，派关子钢老师具体指导，一个极其简单的耕读高小班就这样办起来了。

这是一座砖木结构的两层楼房，楼房的东西各有一间宽3米，进深6米的房间。中间是大厅，约有七八十平方米。楼下东面一间是大队办公室，楼上就是我们的耕读高小班。楼下的大厅是大队开大会用的，楼上的大厅空着。楼房西面的一间是楼梯间。楼梯和楼板全是木板，走起来发出"嘭嘭"的响声。因为楼下在办公，同学们走动一定要轻一点。教室南面有一个窗，东面墙上有两个窗。北面墙上没有窗，正好挂黑板。黑板的前面放一张课桌，那就是讲台。靠两边墙放两排课桌，坐的是长凳。我就在这样的教室里做起农村教师来了。那时的学生只有15人。

来这里读书的人不付学费，课本费还是要出的。作业本很少，因为家庭经济困难，有不少学生写作业或打草稿用的是香烟壳（那时的香烟都是软壳）。他们把香烟壳按粘贴的地方撕开，就是一张长方形的小纸，纸质还不错。一面是香烟的图案，一面白纸。有些学生让妈妈用针线装订成小本子，很整齐，那就是作业本。

教材是公社中心校发的，就语文和算术两本。当时珠算很重要，要背珠算口诀，各个都背得滚瓜烂熟，人人会打算盘。因为那时会打算盘很实用，所以都学得很认真。现在，学校都不教珠算了，珠算口诀也快成为非物质文化遗产了。一个上午上三节课，中午放学不布置回家作业，当天讲的教材内容均在课堂上领会消化。讲台上放一个小台钟，每节课大致40分钟，我掌握就是了。一个星期上六个半天课。每到月底，我到大队会计那里撕一张误工票。大约12到13工。我拿到小队里，让小队会计记上账，参加分红。至于多少钱，现在也说不清了。反正和社员一样，一工记10个工分。我们生产队好的年份每10个工分可以分到8到9角钱，差的年份还要少一点。因此，我教书的收入每月十多元。当然，我下午、星期天，还要劳动挣工分。

那时，我这个老师很受人尊重。小朋友也很听话，学得也不错。第二年，隔壁义庄村的孩子，到我这里；顾家浜也过来一个。他舍近求远，为的就是这里读半天，下午可以参加劳动。

1966年，毛主席的《我的一张大字报》公开发表，轰轰烈烈的文化大革命开始了。"造反有理"的口号从城市响到农村，势不可当。我这个老师，自然成了个大忙人。我上午教书，下午帮助"造反派"写大字报，揭露"党内走资本主义道路的当权派"的罪行。后来，教材也被当成"封、资、修"批掉了，一律改为学《毛主席语录》，学毛主席的"老三篇"，即《为人民服务》《愚公移山》《纪念白求恩》。《毛主席语录》是32开本，红塑面，当时一定要随身带着。不管开什么会都要针对性地学习几条毛主席语录。我就从"老三篇"开始，讲解词语，分析篇章结构，也引一点典故。当然，大量时间是抄写背诵，没有一个学生背不出。《毛主席语录》则是从头学起，一条一条地读、抄、背，还教唱毛主席语录歌，即把毛主席语录谱上曲，唱出来。当时，我们也认为很好听，而且很有用。在批斗会上，总是有针对性地唱语录歌，颇有"战斗力"。我还讲些语文知识，指导写作。算术也教的。后来，中央文革号召"停课闹革命"。我们这个贫下中农自己办的学校不停课，坚持到底。

就这样，这个耕读高小班办了两年后转到全日制小学（一至六年级）。为改变教师队伍的阶级成分，组织上以"掺沙子"的方式将我转为全日制教师。因教育不离农村，不离土地，故又有"赤脚老师"之称。我一直担任学校负责人，也称完小校长。

这个耕读高小班毕业的人，有几个考上了初中，有几个当上了生产队会计。至今，读过耕读高小班的人中有王土根，毕业后不久当上了队办小学老师，后来转为公办老师，现在是嘉兴市洪兴实验学校老师，曾任学校总务主任;有杨金根,曾任大队技术员,大队干部,村党支部书记;有费有土,现任木桥港村经济合作社会计;有赵忠良,自学成才,获得浙江大学法律系毕业证书;还有几个,开了厂,做了老板。我想,这一切和当时有耕读高小班这个学习机会,多学了点文化不无关系。

　　"耕读小学"在当时是个新生事物,但"高小班"当时我们公社只有我教的这个班。后来,由于农民子女学文化的需求,为了便利那些子女就近入学,全公社掀起了开办"队办小学"的高潮,这是后话。

(周振明)

多点分设　办学家门

——"队办小学"

20世纪60年代，由于农村学校少且规模小，很多孩子上不了学，满足不了学龄儿童的入学需求。

到了文化大革命时期，农村学校由贫下中农管理，公社成立贫下中农管理委员会，简称"贫管会"；大队成立贫下中农管理小组，简称"贫管组"。贫下中农自己管理学校，自己的孩子上不了学怎么行？自己办嘛！这，就是办队办小学的原因。

当时的嘉北公社新兴大队（即现在的木桥港村）的面积有2.8平方千米。1967年，大队里仅有一所小学（六间平房），我是这个小学的负责人（兼贫管组成员），教六年级。全校三个班，其中两个复式班，一个单班，学生一百多人，教师有张克冶、万金鑫和我。因此，不能满足学龄儿童全部上学的需要。为了孩子们都能上学，1967年下半年大队贫管组讨论决定，生产队自办小学。一来可以解决大队学校坐不下的人的困难，二来可以让小孩就近入学。

说说容易，办起来很难，具体问题一大堆。

第一定地点。当时全大队有八个生产队，离大队学校较远的一队、二队、五队、六队、七队、八队各设一所，三四队在大队学校旁边就近到大队学校上学。这样全大队一共办六所队办小学,统一由大队贫管组领导。

第二定老师。开始时,大多是下放到农村的知识青年。一队是知识青年潘琪,二队是知识青年王文根,五队是当地青年赵文付,六队是知识青年金维国,七队是知识青年高昆明,八队是当地青年陈智成。

第三定校舍。一队的队办小学设在生产队的一间仓库里,二队和五队设在一个农户家里,六队设在生产队的仓库里,七队和八队都搭了一个草棚。

第四自制课桌、凳子。每个生产队自己请木匠做。那时的课桌、凳子很简单,课桌长两米左右,只要用长两米左右木板拼成一块桌面,装在架子上面,就行了。长凳也一样,长两米左右。这样,一套课桌凳可以坐五六个人。如果一个队办小学有二十个学生,做四套就足够了。有些生产队没有木料,课桌、凳子学生自己带来。

1968年春节过后,六个队办小学和大队的小学一起开学了。

队办小学只收一二年级的学生,办一个两复式班。从三年级开始,全部到大队的学校。队办小学大多只有十几个学生,很少超过二十人。

教材是统一的,管理也是统一的。公社贫管会、大队贫管组也去检查、听课。队办小学得到了贫下中农的欢迎。因为,小孩自己上学,走出家门就到学校,大人在田里劳动,完全放心,用不到像现在那样,早晨送,傍晚接,还有安全隐患。

后来,有的知识青年回城了,有的安排另外工作,读过耕读高小班的学生就顶上来了。如二队的知识青年换成读过耕读高小班的王土根,七队的知识青年换成读过耕读高小班的杨金根。

队办小学老师的报酬就是拿生产队同等劳力的平均分,放学以后,也要参加生产队劳动。有的队办小学老师还担任生产队的记工员,下午放学后就去田头记工分。星期六、星期天都要去生产队劳动。如果不去劳动,群众意见就大了。因为你拿的是和他们一样的工分,他们还在田里劳动,你下午四点多就休息了,怎么行?当时,农民根本不知道老师还要备课、批改作业什么的。小孩子回家了，老师就要到田头。实际上，那时的队办小学老师基本上不备课，就是备课也很简单，因为语文就是认字、抄写、理解、背诵、默写等，完成了就行。算术就是认识阿拉伯数字，学会计算，没有现在那么复杂。

队办小学这样的模式搞了九年多，其间也有变化。比如二队的队办小学，开始时办在一户农民家里，老师是知识青年王文根，学生十几个。一年不到，那农户嫌烦，学校就搬到生产队的仓库里。知识青年王文根不高兴做老师了，就换了当地青年王土根。又过了一年，生产队的仓库有另外用处，就在一个居住比较集中的高家庄搭了一个草棚，做队办小学。这个草棚是直筒间，就是前后两间。前面一间大一点，用作教室，后面一间很小，可以放点东西。为了教室的亮度，屋面的草扇留个洞，放一块玻璃，那时候叫"天窗"。因为草棚是泥墙，不能装窗。过了几年，草棚已经修了几次，不能再修了。生产队又在不远处建造了一座瓦房。瓦房约三十多个平方，分南北两间。南面小，算是办公室；北面大，做教室。教室门朝东开。东西两面都有玻璃窗。这样的队办小学在当时是像模像样了。我的儿子、女儿都在这里读过书。还有，在北京的博士生导师（日本早稻田大学毕业生），中国法学研究会秘书长陈根发，也在这里读过书。

这个队办小学的老师王土根为人忠厚老实，工作扎实，队办小学撤掉后被抽调到大队学校做赤脚老师。后来，经过自己的努力，通过了教师资格的考试，转为公办老师。现在，他是嘉兴市洪兴实验学校退休教师。

1970年，大队学校又建造了五间房子。加上原来的六间一共有四个大教室，两个小教室，两个办公室，已经颇具规模了。大队学校又增加了两位赤脚老师。一个是周任娟，初中毕业生；一个是包钦才，小学也没有读完，但他是大队贫管组副组长，以加强对学校的领导。

那时，全大队共有十一位老师，七所学校，两百多学生。

当时，党的教育方针是：教育必须为无产阶级政治服务，必须与生产劳动相结合。这，要贴在墙上，要落实在行动上。我们这种办学模式，十分贴近这个方针。再加上我们的队办小学的布点比较合理,工作也不错,因此还有点小名气。

有一次,新塍磻溪小学的老师到我们这里来参观队办小学,还要听课。那么有名的镇上学校来我们这里听课,这还了得！让他们听什么课呢？大队贫管组研究决定:斗地主,因为那时阶级教育课很时兴。

我们把这个任务交给了五队的队办小学。那所小学人数较多,有二十多个学生,都是一二年级。我们的老师事前进行了阶级教育,让他们对地主充满"仇恨"。然后,讲了一些地主的"罪行",告诉他们怎么斗。当时阶级斗争深入人心,斗争会看得多了,孩子们也"经验丰富"了。

磻溪小学的老师来了几十个,大队贫管组带着他们兜了一圈,参观了几所队办小学,最后到了五队的队办小学。磻溪小学的老师们到了五队的队办小学,看到一个地主,低着头站在教室里。"上课"就开始了。小朋友们喝令地主把头再低下一点,乱七八糟地问一些问题,要地主老实交代。有时,还呼几句"打倒地主"的口号,场面轰轰烈烈。这就是当年突出政治,突出阶级斗争的教育。

至于"教育必须与生产劳动相结合",队办小学这种模式体现得也非常好。这里的老师放学后、星期六、星期天,都去劳动,学生农忙时也会去参加劳动。那就是老师带着学生捡麦穗、稻穗等。

1978年,随着农村教育设施、规模的逐步调整、完善,队办小学完成了它的历史使命,所有的一二年级的学生都到大队学校读书了。

（周振明）

突出政治　精排节目

——六十年代文艺宣传队

1967年,根据上面的要求,每个大队都要组织毛泽东思想文艺宣传队。书记董连生把这个任务交给我。

在学校里,我喜欢文学,也喜欢音乐,识谱能力还不错,学会了弹钢琴(我在嘉兴一中求学时自学的,不专业)。要我搞宣传队也喜欢,可惜的是我们大队会乐器的人一个也没有。所以,没有乐器伴奏,是我们大队宣传队的最大问题。但是在那个年代,有条件要上,没有条件也要上,在1967年开始就着手建立毛泽东思想文艺宣传队。

首先要确定人员。当时大队已经办了农业中学(大队办,20多个年轻人,学习毛泽东思想),有些同学想参加宣传队,就在农中里挑了几个同学,还根据平时的了解,在全大队挑了几个喜欢唱唱跳跳的年轻人。

参加宣传队的人员一般都会唱一些革命歌曲,只要纠正一些错误唱法就行。其他节目就需要排练,大部分都在晚上进行。我还要编写快板、三句半等,当节目有一定数量时就在大队召开会议时演出。

大队还买了鼓、大锣、小锣和钹等打击乐器。我不懂打击乐,但节奏还是懂的。于是根据听来的节奏,和大家一起学。其实敲锣打鼓就是为了热闹,只要大家都打在一个点上,不乱七八糟就很好听。一般我敲大锣,落点多一些变化,听上去就更好了。

当节目可以演出一个多小时后,大队就要我们到各生产队演出,一般都是晚上去的。我们到了那个生产队,来一个"闹头场",就是把锣鼓敲起来。社员们听到锣鼓声,就搬着长凳,纷纷来到生产队仓库的水泥场上,围成一个半圆。

演出的第一个节目就是大合唱《东方红》。这是大家都会唱的,于是全场唱响《东方红》,接下来我们把歌曲和快板、三句半等穿插演出。《不忘阶级苦》和歌词改编后的《逛新城》是我们的保留节目,每场必演。《逛新城》原歌词内容是看看西藏的新面貌。我把它改为看看自己大队的新面貌,而且不断改变内容,赋予新意。这个节目由我和一个女孩子殷根娣合演的。我装上假胡子,手拿一个老烟管,驼着背,殷根娣在后面跟着,装扮成父与女。父女俩一边走一边唱。唱的内容又是大家熟悉的,总能引起大家的欢笑。演出的最后一个节目是《大海航行靠舵手》,也全场一起唱。最后还是锣鼓声送别观众,我们回到大队,各自回家。

因为我不会舞蹈,当时也没有办法请到教跳舞的人,再加上没有乐器伴奏,所以我们的宣传队不突出。那时,忆苦思甜是一个经常性思想教育的工作,不忘阶级苦,牢记血泪仇,才能坚定不移跟党走。所以,我就把《不忘阶级苦》的歌词情节化,作为我们宣传队的当家节目。于是我根据歌词内容,编写了以下情节:小女孩一家三人,父亲面黄肌瘦,长期病在床上,地主还要逼他去做长工,结果被地主害死;父亲死后,地主又带着狗腿子抢走了母亲,小女孩成了孤儿;地主还不肯罢休,最后小女孩又落入虎口,给地主去放牛。这些情节大部分用歌词叙述,也有对话,有点像"歌剧"了。主旋律是《不忘阶级苦》的曲子,也根据歌词的意义,有些填入其他的一些曲子,比如《白毛女》《听妈妈讲那过去的事情》等的曲子。

剧中主要人物有五个:小女孩由7队的顾阿英扮演,当时二十来岁。她身材苗条,嗓音清脆,歌声感人。母亲由7队的吴根娣扮演。她是嘉兴市竹器厂下放的工人,喜欢唱歌,当时三十多岁。父亲由5队的庞明发扮演,当时近三十岁。地主由4队的徐才观扮演,当时二十多岁,比较胖。狗腿子由4队的徐掌生扮演,比较瘦,当时也二十多岁。其他还有几个群众代表。

道具很简单,几件破衣服,一张小桌子,几只凳子。地主需要一顶西瓜皮帽子,一件长袍,一根拐杖;狗腿子就只要一根鞭子。

编成这个节目,是经过长期的演出、充实、不断改写而成的。

1968年,我们学校添置了一架风琴,我是如鱼得水。本来,整个学校(6个班)的唱歌是我教的,一律是清唱。有了风琴,教唱歌就有滋有味了,先弹一遍曲子,再自己范唱一遍,然后教唱。学生更喜欢,学得快,学得准。有了风琴,宣传队也有了乐器,我可以用风琴伴奏。宣传队到生产队演出,我们在风琴两边的铁环装上绳子,两个人用扁担抬着到生产队去。这是我们宣传队的"特色"。

有了风琴后,我就开始了《不忘阶级苦》的改编。那真是"自编自导",一边编导,一边演出,每场演出,总能让大多数人流下眼泪。

后来,这个节目越改越具体,独幕剧变成了多幕剧,演出时间超过一个小时,名气也越来越大。嘉北公社开大会也让我们去演出,每次演出总能让人泪流满面。为了慰问长水塘的民工,嘉北公社让我们宣传队到南湖布厂大礼堂(解放路)演出四个晚上(请人伴奏)。除了长水塘的民工,附近的居民也来看,感动过许多人。

1969年,新兴大队、跃进大队、为民大队合并为东方红大队。原来的三个大队的宣传队也合并成东方红大队毛泽东思想文艺宣传队。队伍扩大了,排练的节目也多了,《红灯记》《沙家浜》等选段也排练,还有舞蹈《长征》。有时,宣传队主要演员集中在一起学习、排练。我也经常安排好学校的工作和他们在一起。当然,集中排练是要拿出成果来的,大队召开什么会议,宣传队就一定要去演出,生产队里开大会也一定要去的。

1971年,东方红大队又分为三个大队。也许是大气候的关系,或是大队老董书记年纪大了,不做书记了,宣传队也解散了。

(周振明)

居所演变　步步登高
——我家的"建房史"

改革开放40年,我的家乡由贫穷的农村变成繁华的城市。变化之大,令人惊叹! 寻觅往日的足迹,为不忘过去;感恩伟大的党,为开创未来。我就从"衣食住行"的"住"说起,留下家乡变化中的点滴。

我出生于1942年,1963年结婚。婚房就是我本来的卧室,只有半间草房,不到十个平方米。中间用一人多高的竹篱笆隔开,前半间是鸡窝。婚房里,一张老式床,一张写字台,如此而已。我们夫妻与鸡共室,大公鸡每天天不亮"喔喔"啼鸣,催我们早起。

1968年,我和父母要分家了,于是,就开始谱写我家的"建房史"。

搭 草 棚

分家需要搭草棚,搭草棚不是件容易事。柱子和梁需要毛竹,椽子需要杜竹,还要大量的稻草编草片,人们称为"金丝瓦"。当时毛竹是很难买到的,属于分配物资。我当时已经在做"赤脚老师",向大队提出要几根毛竹搭草棚。大队根据我家的实际情况(我家有父母、兄弟姐妹和我的妻子、儿子,共10人,应该分家了)联系嘉北供销社,分配给我12根毛竹。毛竹买来后,被本组的贫农组长知道了,就告到大队,说他是竹匠,要为生产队做竹器,也要毛竹,为什么不给他。大队干部要我让出四根给他。我没有办法,最大的四根被他拿去了。本来用12根毛竹搭一个草棚,也是精打细算的,这一来,更紧张了,有些矮的柱子用自己种的树代替;编草片的毛竹条用杜竹条代替。当时乡间烧饭、炒菜都用灶头,燃料都是稻草。稻草是非常紧缺的,一个小草棚需要四五千斤稻草,我家没有那么多,就向岳父家借了一二千斤。

当时,农村里搭草棚是大家帮忙的,不用付工钱,只要吃一顿中饭。生产队里十多人来帮忙,有搭架子的、筑墙的、编草片的,忙碌了五六天,一个小草棚搭好了。

小草棚有三间,每间不到15个平方米。东面一间搭一个灶头,剩下的放一点杂物;中间一间吃饭,西面一间做房间。草棚很低,檐高不到2米。在摆床的时候问题来了:因为我们的床是老式床,高2米左右,沿墙边摆不下,放在中间占地太多了。我只好在要放床脚的地方挖了四个约10厘米深的坑,把床摆好。床板离地面近了,就像现在的"榻榻米",坐下去很不习惯。小孩已经大了,还要搭一个小床,靠着南墙。整个房间只剩下一条小路了。中间的一间的大门是竹子编的,开关的时候,需要抬起来,才能移动。更有趣的是墙角的矮柱是一截柳树做的,第二年,草棚的一角,从草片底下钻出了柳条,嫩绿可爱,真是"无心插柳柳成荫"。而我只能把它掰掉。

在搭草棚的同时,在草棚的西边搭了两间小草棚,一间养猪,一间养羊。

搭好了草棚。我和父母就分家了。虽然草棚很小,又那么简陋,但我是非常高兴的,因为我建起了自己的家,而且,比原来的房间扩大了四倍多。

造 平 房

1978年,改革开放的春风吹遍了祖国大地,家乡也发生着一些变化。我家的自留地增加了,养的鸡、鸭、猪多了起来,收入也多了起来。于是,我就考虑改善"住"的问题了。因为草棚几乎每年要翻修,而且已经有三个小孩。一家五口,真的住不下了,我就想造平房。

造平房谈何容易,我家劳力少,生产队分红很少,子女在长大,开支也在增加,经济上能过得去就算不错了,一点点积蓄也没有,怎么造得起房子? 但是,不造又不行。办法只有一个,因陋就简,造最简易的平房。

造房子需要砖头,当时,不要说买不起,而且买不到。但是,办法总比困难多,很多人家都烧"土窑砖"代替。我也自己动手掼泥坯,全家动员(大儿子已经十多岁,也会掼),掼了一万多块,晾干,堆好。烧土窑需要煤,我把家里的鸡蛋、鸭蛋拿到中基路换煤球票,买来一千多斤煤球。最后,我请来了烧土窑的师傅,还叫了很多相帮的人。师傅把泥坯一层一层往上叠,泥坯间留出空隙,放进煤块(事先把煤球敲碎,用水拌糊做成块状,再晒干)。整个土窑呈圆柱形,下小上大,用很多钢丝索一圈一圈箍住,再用烂泥把圆柱的侧面糊住,防止热气从四周窜出。搭好了土窑,就在土窑底部(事先留着孔,有四个)用木柴烧,一直烧到里面的煤饼全部点燃,窑顶冲出黑烟,要烧十多个小时。然后,让它自然冷却,土窑砖就烧好了。土窑砖是红色的,牢度还可以,敲起来声音响亮,雨水淋不坏。

有了砖,还要瓦、毛竹(做桁条)、杜竹(做椽子)、芦箙(铺屋面)等。这时,毛竹已经可以买到,不用去申请分配,芦箙也能买到;杜竹自己有竹园,也没问题;就是瓦,困难很大,当时是买不到的,需要用燃料去换。因为我用的桁条和椽子都是竹子,抗压力不强,就考虑用平瓦。当时桐乡大麻镇有一个平瓦窑(我连襟在大麻),我想办法在西门米厂买了2000斤砻糠,装到大麻,换来了1000张平瓦,不幸的是装瓦的船在半路上被轮船的浪头泼沉了。后来,航运公司派人帮我捞起来,重新装船才回家。那一场惊吓,至今难忘。

建筑材料齐了,就开始建房。我设计的是三间平房,每间开间3.3米,进深6米,近60平方米。当时农村没有建筑队,但泥水匠还是有的。我们生产队的陆阿男,5队的董润山,4队的徐才观等师傅带着小工,帮我建造。不到一星期，房子就造好了。我们一家从40平方米的草棚搬入60平方米的瓦房，非常开心。东面一间是我们夫妻俩的房间，女儿也和我们同一间；中间一间算是客堂间；西面一间一分为二，北半间作厨房，南半间是两个儿子的房间。由于厨房占的面积比较大，南半间搭不下两张床（还要搭一个鸡鸭圈）。我就搭了一个上下铺的床，大儿子睡上铺，小儿子睡下铺。我把祖传的"与鸡同室"，原封不动地传给了下一辈。

平房的大门不能再用竹子编了，但当时木板是很难买到的。我托人到嘉北供销社买来了一些装货用过的木箱子板，长1米左右，宽1至2分米。请木匠师傅拼成两扇大门，一扇房门，一扇后门。儿子的房间和厨房不安装门。地面仍然和草棚一样，还是泥地面。

不幸的是，由于毛竹桁条，杜竹橼子还是承受不了平瓦的重力，整个屋面从东往西呈波浪形，即每间屋面的中间凹下，再加上小土窑烧的平瓦质量不好，有碎纹的，有缺角的，所以，我的平房成了"漏房"，小雨小漏，大雨大漏。尽管如此，总比草棚好。一是面积大了，二是毕竟下雨天少。一旦下雨，面盆、脚盆都用上，床顶上干脆长期铺上尼龙纸，免得突然下雨，连被子也漏湿了。

过了两年，我把猪羊棚翻建成瓦房。造了两间，3.6米开间，进深5米。一间给两个儿子作房间，一间养猪、养羊。这两间砌墙用的砖是青砖，屋面用水泥桁条，小瓦，橼子还是杜竹，倒是一点也不漏了。

造二层楼房

1980年，我由"赤脚老师"转为公办老师，大儿子进了队办企业，家庭经济条件逐步好转。我就思考着把"漏房"改成楼房了。

1983年，我们大队已经有四户人家造了楼房。我家的小孩都长大了，原来的平房又住不下了。看到人家造楼房，我也"蠢蠢欲动"，但结余还很少，只有2000元钱，一下子动不了。我亲戚朋友多，他们都支持我，答应借钱给我。我就真的动了起来。

20世纪80年代农村二层楼房

　　我设计建造一座二层四开间楼房，每间宽3.8米，进深7米，层高2.8米，建筑面积二百多平方米。当时木材买不到，价格也高，我就用水泥预制品，即水泥楼板、水泥门窗架子、水泥桁条等，就是椽子用木料。可是杉木价格高，买不起，就买什木棍做椽子。当时，水泥也很紧张，我开后门买了3吨水泥，解决了问题。因为水泥少，砌墙用石灰和泥搅拌作"灰沙"，内墙的粉刷也不用水泥，只用"纸筋石灰"，即用稻草粉碎成细丝拌石灰。砖头用"八五"砖，比较便宜。整幢楼房不用一根钢筋。因为建平房用的是平瓦，变成了"漏房"，教训太大了，所以这次就用小瓦。

　　我建楼房的时候正好是大包干开始的第一年，农村里还有互相帮忙的习惯，所以装运建筑材料都是亲戚朋友帮忙，不用付工资。那时的建筑材料都用船装，需要大量人力。砖头是本大队窑厂运来，水路很近。窑厂那面把砖挑到船上，到家后，就叫很多人从船上排队到岸上，用"接龙"的方式把砖头搬到岸上堆好。楼板、沙子、水泥，都用船去嘉兴运来，十分不容易。比如运楼板，一块楼板三百多斤，要四个人抬，平地上走还容易，上船就困难了，必须铺两块跳板，才能走到船上。到了船上，更困难了，一人走船舱上铺的跳板，一人走只有10厘米左右的船舷，十分危险。回家后，还得用同样的方法把楼板抬上岸。

1984年春,楼房动工了。造房子的泥水匠还是本生产队的陆阿男。他带几个泥水匠和十几个小工,帮我造楼房,按点工计算,泥水匠每天2元,小工1元。因为我经济上比较困难,所以讲好工钱要欠一欠。那时,农村里建楼房刚刚开始,设备简陋,楼板靠人工拉上去:两面墙上各站一人,用粗麻绳的一头装铁钩钩住楼板(五孔板,双铁钩,分别扎进外边的两个洞里),两人同时往上拉;下面至少要四个人帮助抬,到了一定的高度,下面的人拿木棍顶。这种方法十分原始,既要力气大,又要十分小心,容易发生事故。特别是楼板的两端必须对着墙中,不能相差一点点,需要下面的人顶着,反复移动对准。上一块楼板,起码半个小时。楼板全部铺好后,陆阿男师傅在后墙向北用毛竹等材料搭了一个宽1米多,长6米多的斜坡,以后的砖头、桁条等建筑材料都在这个斜坡上挑或抬上去。到了上梁,也用上楼板的方法,虽然桁条比楼板轻得多,但更危险,因为两个人站在高高的、光秃秃的墙上,往上拉重物,没有任何保险措施。这样造楼房,现在想起来,简直在玩命,有点不可思议。但是,当时就是这样造起来的。

屋面上,每间五根水泥桁条,称为"7路"(前、后墙各算1路),间隔1米多。椽子钉好后,上面铺"笆帘"。一张"笆帘"宽3.8米,长8米多,需四张。这些"笆帘"是我在造房子前亲自编的。那时,河边的芦竹很多。1983年冬天,我把芦竹割来,放在生产队的水泥场上。编"笆帘"开始前,我把自家竹园的竹子砍来,劈成竹条,把芦竹一劈四。因为我会一点编竹器的活,会劈篾,不用请师傅。编"笆帘"起码要两个人动手,用竹条作经,芦竹条作纬。编这四张"笆帘"是一个巨大的工程,我在寒假里完成,大年夜也不停,正月初一,很多客人都帮我编"笆帘"。

椽子钉好后,把这四张"笆帘"一张一张铺在屋面上,然后再盖上瓦片。

楼房需要大大小小的门十多扇,需要大量木板。杉木板买不起,怎么办?我在1983年冬天,就把屋前屋后比较大的树全部砍下,浸泡在河里。第二年捞起来晒干,去冲板厂冲成木板,装了一船,解决了问题。

楼房造了两个多月,顺利建成,坐落于新塍塘北岸。楼房中间两间都开大门,内设两个楼梯,便于将来兄弟分家。当时,楼房还是很少见,且是四楼四底更是少见,从新塍到嘉兴的新塍塘两岸不到十家。我十分高兴,以为完成一生的建房任务了。

这幢楼房的建成,体现了"天时地利人和"。农村实行联产承包责任制,使我产生了动力,此乃"天时";楼房朝南向阳、面对开阔的田野,不少材料都自力更生,此乃"地利";亲戚朋友的鼎力相助(整幢楼房的造价7000元,5000元是借的,不包括人力),此乃"人和"。

万事不可能完美。由于用的椽子是什木棍,粗细不等,有些还有一点弯,承受不了小瓦的重量,又造成屋面凹了下去。因为水泥桁条是挺直的,所以整个屋面从上到下形成了波浪形,雨天又漏了。楼房又变成了"漏房",我自然十分伤心。如果换屋面,不是一件容易的事。一直熬到2000年,我才更换全部椽子(杉木梢),上面铺的"笆帘"也已经霉烂,全部拿掉,铺上薄木板,再盖瓦片,才解决了"漏"水问题。说明了搞建筑是百年大计,凑合着糊弄是要吃大亏的。但当时也是不得已,只能凑合着糊弄。

过了三年,欠债还清了,我又在楼房西边的背后造了一间厨房。

在这幢楼房里,大儿子结了婚,女儿出嫁,一家人度过了十七年。

造三层楼房

改革开放的不断深入,农村面貌不断改变。随着城市建设的不断扩大,我的家乡开始拆迁。2002年,秀洲大道的建设开始动工,我的房屋就在路边(现在秀洲大道新塍塘大桥北堍),必须拆迁。评判结果,我家获得房屋赔偿金11万多元和两块115平方米的宅基地(当时我和大儿子已分为两家,有两张土地证)。老房屋自己拆除,异地建房,地基就在现木桥港村南区。图纸统一设计(三层),内部结构可以自己安排。造好二层楼房时,以为我一生的建房任务完成了,可是,现在又得再搞一次。

那年,我正好退休,就投入到建房的热潮中。在这块土地上建造房屋热火朝天,到处是砖堆、沙堆、钢材、木材;大小拖拉机进进出出;人们忙忙碌碌,笑逐颜开。当时建房有好几种模式:一种是完全自己建造,因为本人就是泥水匠;一种是建筑材料自己买,建造人工包给泥水匠,称为"半包";还有一种是建筑材料、建造人工全部包给泥水匠,称为"全包"。采用第一种模式最少,毕竟泥水匠不多;采用第二种模式比较多,因为自己购买建筑材料,质量保证;采用第三种模式最轻松,但就怕质量不保证。因为我儿子工作忙,我不得不挑起造楼房这个重担。还有我父母亲也有90平方米的宅基地,要造房屋,也由我安排,所以三座楼房的建造一个人管。因为我年纪大了,要进那么多建筑材料,要联系、开票、验货等,实在应付不了,就选择第三种模式:"全包"。我和徐金荣、徐新荣两个泥水匠包头签订了合同:两幢115平方米的楼房由徐金荣承包,每幢11万多元;一幢90平方米的楼房由徐新荣承包,9万多元,都分期付款。我想,他们总应该保证质量,应该相信他们。再说,钱在我手里,他们要偷工减料也不敢吧!这次造楼房,完全不同于上次,我轻松多了。建筑方法也完全不同于上次,有井字架,什么东西都不用从"斜坡"抬上去,挑上去,只要按一下按钮,就轻轻松松往上提;有搅拌机,不用人工拌泥沙,只要按一下按钮,水泥、沙子拌得非常均匀。

周振明为两个儿子督建的两座楼房

就这样,我每天到工地,按合同的要求,看进来的建筑材料是否符合合同要求,施工是否合理等。实际上,我什么也不懂,当然做不了"施工员"。但是,我告诉两个包工头,我会学,我会问,人家怎么做,你们怎么做就是了。在整个建造过程中,我们配合得很好,房屋的质量也还好(当然比不过人家自己购买建筑材料的),十几年过去了,房屋没有什么大问题。

这次建房,我没有像前几次那样花很大的力气,不用自己去装运建筑材料,不用自己去劈"芦竹",不用自己掼泥坯……钱的问题由儿子承担,因为我把全部赔偿款分给他们,一人一半,其余部分基本上不用我考虑;父母亲的房屋由我们三兄弟负担,也没有什么大问题。但尽管没花大力气,楼房造好后,我还生了一场大病(尿道堵塞),住了10天医院,可见也是十分辛苦的。

房屋造好后,我告诉儿子:装潢的事我不管了,你们喜欢怎么搞就怎么搞。我把父母亲的房屋简单装潢了一下,和父母、兄弟一起住了进去,非常安适。儿子他们不久也住进了新房。

我们住的小区共135幢楼房,名为"木桥港新村南区"。优美的环境,整齐的楼房,农民变成了居民。当时,我真的感觉生活在"天堂"里,以前的一切劳累,都是值得的。

建房以外的事

到此为止,我的"建房史"真的结束了,但社会的发展没有停止,人们的生活水平在不断提高。我不得不再说说搞建房以外的事,那就是随着改革开放不断深入,经济不断发展,居住的条件也不断改善。我两个儿子和一个女儿在香颂湾、盛世豪庭、大树花园都购买了商品房。

傍晚,我经常到老房子地基去走一走,到新塍塘大桥上去看一看。

东北是秀洲区生态公园。碧绿的草坪,弯曲的小路,亭阁台榭,绿树成荫,美不胜收。小路上人来人往,草坪上孩子嬉戏,亭阁间情侣并肩……

西北是秀湖公园。700亩水面碧波荡漾,5千米长的环湖生态慢行道犹如一条彩色的带子。环湖生态慢行道旁将设置科技水湾、汉风遗韵、杉林疏影、里仁樱桃、梅岭映雪、浅湾竞乐、湖畔闲庭、水岸花洲、艺湖天地、柳荫长坡等十大景点,供人们休闲、运动、集会、交流。这,真是一个自然、生态的城市中央公园啊!

环视秀湖四周,区妇保院、残联、疾控中心、交警大队、消防大队、浙师大秀洲实验学校、科技京城等高楼大厦隐约可见;万科花苑、梦蝶花苑、优优秀湖、中梁一号院、香颂湾、科技京城、秀洲区江南传统文化创意产业园等高楼大厦在夕阳下闪闪发光;秀洲大道、秀园路、东升西路、九里路、木桥港等路纵横交叉,各类汽车飞驰而过……

秀湖已经成为一张金名片,发挥着中心辐射功能,打造了秀湖经济圈。

啊! 这里已经成为风景优美的、宜居宜业的繁华城市。

看着,想着,40年前一个个简陋的草棚,30年前一座座低矮的平房,20年前零星的楼房都哪儿去了? 大片的农田,泥泞的小路,辛勤劳作的农民都哪儿去了? 揉一揉眼睛,理一理思路,是梦吗? 不是!

何叹人生短暂,但求赶上新时代。短短半个多世纪,我从在半间草棚里结婚,到搭草棚、造平房、造二层楼房、造三层楼房、儿子买高楼,虽谈不上大富大贵,但对于一个即将步入耄耋之年的我来说,足矣!

(周振明)

联产承包　干劲激越

——"大包干"亲历记

一

1982年12月，嘉兴市委市政府发出《嘉兴市农村联产承包责任制试行办法》，1983年4月全面推开。这是改革开放后农村的重大变革。我生活在农村，亲历了农村推行家庭联产承包责任制经过。

农村推行家庭联产承包责任制的消息传开后，农民的想法很多：比如"辛辛苦苦几十年，一夜回到53年（即1953年）"，这句话就在当时很流行。这是因为农民从单干到互助组、合作社、人民公社这条路已经走了二十多年，而且经历了许多风风雨雨，现在这么做，有点迷茫。有些农村干部，认为农村推行家庭联产承包责任制，就是单干；还有不少人已经习惯了吃"大锅饭"，特别是劳力少又缺乏农业技术的农民，担心单家独户干不了，生活不好过。

我家当时在嘉北人民公社新兴大队第二生产队，位于新塍塘北，现秀洲大道新塍塘大桥北塊，小地名叫王坟山。这个生产队一直很小，仅15户，58人，劳动力38人，农田99.698亩。生产队队长高阿建，兼任大队农业技术员，身强力壮，搞农业生产有一套。生产队妇女队长是我妻子，劳动中带头苦干。大家齐心合力搞生产,是一个不错的生产队。每年的粮食亩产比较高,但收入不是很高,因为人多,田少,平均每人不到2亩,亩产再高也比不上人家人均4亩以上的生产队的收入多。1982年前,我们生产队大部分人家住草棚,仅1家楼房,6家平房。

1967年起,我做了"赤脚老师",1980年转为"公办老师",户口迁到嘉北公社集体户,不是生产队社员。1982年,我家有四个社员:妻子,大儿子(20岁),女儿(17岁),小儿子还在读初中。全家三个劳动力,大儿子在队办企业工作,家里只有两个女劳力了,且女儿还小,所以每年的工分不多,年终分红基本没有,但我和儿子有工资收入,经济收入在生产队里还是比较好的,在1982年前已经建好了三间平房。

二

当时,农村推行家庭联产承包责任制有两种实施方案:

一是包产到户。以户为单位承包,包工、包产、包费用,按合同规定在限定的生产费用范围内完成一定的生产任务,实现承包合同指标受奖,达不到承包指标受罚。这种形式在我们这里基本上都不采用。

二是包干到户,又称"大包干",即在不改变土地集体所有制的前提下,按照农户人口、劳动力的数量,将土地分给农户,土地使用权完全承包给农民。承包合同不规定生产费用限额和产量指标,由承包者自行安排种植和一切生产活动,所得产品除向国家缴纳农业税,向集体缴纳公共提留以外,完全归承包者所有。即"交够国家的,留够集体的,剩下的都是自己的"。

我们这里实施第二种方案,即"大包干"。

怎么把土地分到户呢?原则上就是按人口划分口粮田(40%),按劳动力划分责任田(60%)。但我们大队分得更细。

我们生产队根据全队的口粮、劳力、生猪饲养量等情况把农田分到每户。全队口粮田33.361亩,占总数的33.5%,责任田36.835亩,占总数的36.8%,饲料田21.278亩,占总数的21.3%,种子田8.224亩,占总数的

8.2%。1983年,我家分得口粮田2.278亩,饲料田1.587亩,种子田0.613亩,责任田2.959亩,合计7.437亩。1984年1月,嘉兴按照中央提出的"土地承包期一般在15年以上""大稳定,小调整"的原则,我们生产队作了很小的调整,我家的承包田总数不变,口粮田2.68亩,饲料田1.587亩,责任田3.17亩,种子田取消了。又分得专业桑地1.225亩。同年12月,我们和大队签订了土地承包合同,拿到了《土地使用证》。

土地分好了,集体的一些固定资产怎么分呢?

我们生产队有仓库两个:草棚三间,平房五间。三间草棚拆了,门前的水泥场保留了一两年,也敲掉了;五间平房连同门前水泥场卖给了一户社员。拖拉机一台,有会开拖拉机的社员摸签,摸到者买下,承诺给大家耕田,收取耕田的费用;一艘10吨挂桨船卖掉,一艘5吨水泥船,社员摸签,摸到者买下;耕牛一头,归集体所有,每户轮流放牛。因为当时大家还习惯用牛耖田(拖拉机翻耕后,用木耖平田后插秧),过了两年,人们发现用拖拉机拉木耖也可以平田,就把牛卖了。农田灌溉用的机埠,仍然归大队所有,农户需要灌溉就去大队机埠抽水。那里有管理员,帮你开机,记好时间,等你的田里的水够了,去关机。管理员记好用电时间,秋后一并收电费。我们生产队离大队机埠很远,有近2000米,既浪费时间,又浪费电,负担很重。生产队就自己建了一个小机埠,方便多了。这个小机埠没有管理员,我们需要水了,就自己去开机,记好开机时间,水够了,也自己关机,秋后一并付电费。

生产队和大队的承包合同大致有三项内容:

一、每户承包田的数量。

二、上缴国家部分:全队粮食包干任务35600斤,其中征购基数24500斤,加价11100斤(每斤加价3分),农业税612.5元,油菜籽2882斤,生猪67头,稻草1992斤。

三、上缴集体部分:全队提存积累合计738.51元,其中,公积金

498.51元，公益金240元，管理费249.26元，稻草4490斤。

我家的任务是：国家部分大包干粮食任务2762斤，其中征购基数1900斤，加价862斤，农业税45.7元，油菜籽216斤，生猪5头，稻草149斤。集体部分提存积累合计53.19元，其中，公积金37.19元，公益金16元，管理费18.6元，稻草335斤。

三

我家的三定口粮2330斤稻谷，加上现在承包后的国家粮食任务，两项合计5050斤稻谷。要达到这个指标，我们承包的七亩多田，平均每亩须收获800斤左右。根据当时的生产水平，如果种一熟晚稻，完成了国家的粮食任务，口粮就不能保证。再说，原来的三定口粮碾成大米是1631斤，平均每人每年400斤左右，生产队分批分给我们。我们一家都是大人了，平均每人每天只有一斤多一点，口粮是很紧张的，所以每天一粥两饭，秋后番薯收获后，每天早晨吃番薯汤。现在，总想多留一些口粮，番薯汤不想吃了。为了多收粮食，必须种三熟，即春粮（大小麦）、早稻和连作晚稻。这样，争取前两熟多完成一些任务，晚稻谷可以多留口粮，或者买议价粮，收入高一些。

割稻

1983年包干到户分到田时，正值春季，春粮收起，就做早稻秧田，播种育秧。我们留出连作晚稻（大小麦收割后，种早稻，早稻收获后再种晚稻，叫连作晚稻）秧田一亩左右，其余种早稻。7月下旬，我们开始抢收早稻，抢种连作晚稻，称为"双抢"。好在我已放暑假，就动员全家的力量，在立秋前完成晚稻插秧任务。种好晚稻，立即卖早稻谷。那年，早稻亩产六七百斤，我家收获3000多斤早稻谷。因为前一年的口粮储备不足，必须留一点早稻谷做口粮，所以卖掉2000多斤，把全年的任务完成了一大半。卖稻谷的钱（那时早稻谷每百斤15元，共300多元），扣掉农业税和大队、生产队的各项积累共98.89元，余下200多元。比原来生产队的预支不到100元（年终分配叫分红，早稻收获后叫预支）多得多。

晚稻种下后的管理工作主要是耘田除草、抽水灌溉、施肥治虫等，大部分农活我妻子能完成。晚稻成熟后，就要收割晚稻，种春季作物。"秋收冬种"比"双抢"时间长，不很紧张。晚稻割倒后，晒在田里，晒干后，扎成一小把一小把，搬到田边堆起来，马上开始种大小麦和油菜。春季作物种好后再把稻挑到家门口的水泥场上脱粒。我们大多利用晚上脱粒。那一年，晚稻收成很好，平均亩产800斤左右，共收获晚稻谷5000多斤。我们完成了国家粮食任务后，多了4000多斤，全部做口粮，比原来的三定口粮多了1000多斤。出售的晚稻谷每百斤21元（加价），收入200多元。大包干后第一年的收入远远大于生产队的分红，因为大包干前，我家只有两个妇女参加生产队劳动，工分挣得少，口粮多（我还负担父亲的口粮），1983年前基本上年年倒挂（既不但分不到钱，还欠生产队）。这一年，我缴够了国家的，留够了集体的，剩下的口粮多了，钱也多了。家庭联产承包责任制带来了实实在在的好处。

那一年秋收后，我觉得明年的口粮已经留得很多，国家的粮食任务肯定能完成，决定减少春粮种植面积，多种油菜。因为种油菜比大小麦划算（种油菜每亩可收入100元左右，大小麦每亩60元左右）。但是种油菜风险大：一是油菜需要育秧、移栽，花的工时多，二是油菜成熟期长，延迟了种早稻的时间,推迟早稻的收获期,抢种连作晚稻的时间更为紧张。如果在立秋前不能完成连作晚稻插秧任务,就会严重影响晚稻产量。为了增加收入,我就大胆地种下了四亩田油菜。第二年,油菜长势良好,5月下旬成熟。传统的收获油菜籽的办法是:将九成熟的油菜割下,放在田里晒五天左右,油菜荚枯黄了,就把油菜捧到稻桶里,用短棒把油菜籽打下。后来,采用了"打堆法",即将八成熟的油菜割下,搬到田外的空地上堆起来,上面盖上尼龙膜,可以在10天以后(或更长的时间)再把油菜籽打下来。这个方法不但节约了时间(油菜一割下就搬出田块,马上可以翻田种早稻,比传统方法可以提前一星期左右);而且,油菜打堆后会提高产量和含油率。我们就全家出动,把割下的油菜全部搬到门前的水泥场上堆起来,叫拖拉机把田翻耕后耖平,种好早稻,抓住了季节。完成早稻插秧任务以后,我们把水泥场上油菜籽打下来,共1000多斤,完成当年216斤任务(每百斤30元左右),其余的议价(每百斤40元)卖掉,总收入400多元。这在当时是相当可观了(当时我的月工资42元)。卖油菜籽的当天,小西门粮站出售油菜籽的农户中,我算"大王"了。这也就是大包干后,农户可以在保证完成国家粮食任务基础上"自主经营"带来的好处。

大包干前,我曾担心包干到户后,妻子一个人管不了那么多田。实际上,农业生产季节性强,就是农忙季节忙一点,特别是"双抢",需要一家人全力以赴。平时,我妻子和女儿完全可以应付过去。大包干后,小规模生产,调动了积极性,干活直接为了自己,释放出巨大的能量。比如,原来生产队"挑灰"(把猪羊灰运到田里),每到一户要四五个人:一个人负责装灰,即把猪羊圈里的厩肥挖起来装在"土垯"担里;一个人挑出去"上秤";一个人称猪灰,记账,因为猪灰有奖励工分、奖励粮,要称好斤数,交到生产队会计那里;接下来有几个人"接担"(因为路远,猪灰重,一个人挑到田里吃不消,就像400米接力赛一样,一个接一个)挑到田里。1983年秋季,我家的一圈猪灰要挑到田里去,有两万斤左右,以前在生产队时,四五个人一个下午才能挑好,可是,我妻子仅一个人一个下午就挑好了。为什么?因为她自己装灰,不用上秤,直接挑到田里,节约了"上秤""接担"的时间,一个人干了四个人的活。当然,那半天,我妻子很累,很累。

我们这样的人家,劳力足,农忙时我和儿子都可以干,能抓住季节,产量也比较高,大包干后粮食问题完全解决了。因为粮食多了,就可以多养猪,而且长得快,经济收入迅速增加。

劳力弱的人家怎么样呢?

我二弟家四口人,小孩还小,两个劳动力。我弟媳体力差,干不了重活,而且速度慢。在生产队劳动,做"日头工"(按出工记分)和我妻子一样,每天八分工分,如果拔秧、插秧、割稻等按数量记工分,她和我妻子相比,就相差远了,不到三分之二。大包干后,我二弟家分得6.13亩田,问题就来了。比如:我们家种四亩田油菜,他们两人种两亩都不可能。一年两次插秧(早稻和晚稻),人家完成了,他家还有一半田未插。如果延误季节,产量大减。怎么办呢?大家帮。我们六兄妹,谁先完成,就去帮。我们家完成得早,一家人都到他们田里,帮助插秧,其他弟妹完成了也赶来帮忙,几天下来就完成了。这种模式,大家都一样,大包干后倒是形成了亲帮亲,邻帮邻的好风气。在大包干前,大家只管挣工分,舍不得休息,平时来往很少。大包干拉近了人际关系。

四

大包干前,大家必须每天出工挣工分,因为工分是农民经济收入的唯一来源。不管农忙、农闲,甚至下雨天,生产队长都得安排好农活,让大家出工。大包干后,该做的事,集中力量做好,以后就不用每天去田里看着、管着,你完全可以离开土地去做一些另外的事。于是,就出现了农民离开土地去打工、开店等情况,农村劳动力解放出来了。我家就开了饲料店。我们摇船(自己买了一条三吨水泥船)去小西门粮站买进饲料,每袋100斤,9.8元一袋,卖出去10元一袋,赚0.2元。每星期一船,50袋,可以赚10元。这店开了三年,后来,子女大了,都出去打工、开店,家里就不开饲料店了。

我弟弟也利用农闲时间,骑着自行车,带着棒冰箱,去嘉兴批发棒冰,然后到农村挨家挨户卖掉,也能赚一些钱。农民就像"八仙过海,各显神通",手里的钱渐渐多了起来。

实行家庭联产承包责任制把农民的积极性调动起来了,农村经济搞活了。随着改革开放的深入,农村发展更快了。后来,我儿子承包了嘉北中心校的一家小店,掘了第一桶金,而后,自己开了一家批发部。我妻子也去帮忙,成了店员。一个"妇女队长"摇身变成了"商人",也是家庭联产承包责任制带来的变化。我们生产队有五个人做木匠,两个人做泥水匠,两家开了小店,十多人出去打工,男劳力几乎都外出挣钱。留下来的妇女,搞养殖业。我们这里主要是养猪,不少人家养母猪,收益更大;鸡、鸭也可以多养一些,一般养母鸡、母鸭,生蛋卖钱。就这样,农民的经济收入大增,几年以后,一幢幢楼房在这里拔地而起。

我们生产队和我家的变化,是改革开放形势下,大包干后农村发展的一个缩影。

(周振明)

搜索资料　各方协助

——《秀洲区志·嘉北街道》撰稿记

根据国务院办公厅《关于进一步加强地方志编纂工作的通知》、国务院《地方志工作条例》精神、浙江省人民政府办公厅《关于开展续修地方志工作的通知》《浙江省人民政府办公厅关于进一步加强地方志工作的意见》和浙江省、嘉兴市地方志办公室的工作部署,2013年12月9日,秀洲区委区政府下发《关于印发〈秀洲区志〉编纂工作实施方案的通知》,拉开了编撰《秀洲区志》工作的序幕。

地方志是指全面、系统地记述本行政区域自然、政治、经济、文化、社会的历史与现状的资料性文献。

《秀洲区志》第二编第八章的嘉北街道部分,由本街道负责撰稿。区志编撰工作于2013年12月启动,翌年年初全面开展,各部门各镇各街道都安排了撰写员。嘉北街道由于一定的原因,未能同步进行。

2015年的年底,经周振明老师的推荐,在街道综治办章金金女士的引见下,街道办事处的方娟女士(翌年6月任主任)和翁增来先生接待了我们。方女士笑着表示欢迎,接着说,具体事宜由翁先生跟我们谈。我们要求最好在档案室附近找一间工作室以便查阅资料;配备一台电脑以供打字;预备一个"U"盘以便存文,翁先生一一表示同意。同时还谈了其他的一些细节问题,如工作时间由自己把握不必拘泥,以及报酬、用餐等。最后商定我在2016年春节过后正式开始工作。

2016年3月1日,我到嘉北街道办事处,第一天开始着手编撰工作。工作室距离档案室很近,窗外栽有梨树和棕榈树。春风吹来,梨花雪白,棕叶新绿。

查阅收集资料

资料是志书编辑的基础,资料收集是贯穿编史修志过程最重要的一个环节。由于所需资料涉及面广,包罗万象,因此工作量之大当可想见。所喜的是,街道的陈志春先生把各类文书档案,按年份井井有条地列置于柜架上,给我的查阅工作带来了便利。诚然,陈先生多次被评为档案管理先

嘉北街道文化主题公园

进者是当之无愧的。

街道档案室所保存的资料，都是1984年以后的。此前从1983年上溯到1956年的122卷业已移送嘉兴市档案馆。我于2016年的11月，携带街道出具的介绍信，开始跑市档案馆。按其规定，资料只能通过电脑查阅，不能接触原件。如果必须查阅原件，得先列出资料名册，工作人员会把所列出的资料用小推车送过来。我一边查阅，一边做着记录。马不停蹄，花了半个多月光景。

由于行政区划的调整及其他原因，我们嘉北先是归属于城区（秀城区）；2000年则划归秀洲区；2002年被市政府委托给市经济开发区管理，致使嘉北街道的有关资料具有分散性与缺乏连贯性的两重特点。属于城区（秀城区）时的部分资料在南湖区档案馆，属于秀洲区时的部分资料在秀洲区档案馆，而2002年及以后的部分资料在经开区。其他还有在秀洲区统计局、经贸局、农经局、南湖区农经局等。况且档案部门资料的彼此衔接也显得有些问题。

此外，收集资料还必须不厌其烦地到相关单位或部门去查询、核实（有时甚至是"索取"）。所涉及的有关单位或部门包括经发中心、财政办、党政办、民政办、计生办、文化站、广播电视站、卫生院、洪兴实验学校、阳光小学，秀洲区地名办以及新城、高照、塘汇和新嘉街道等。有次在去新嘉街道办事处途中，因为一个急刹车，还把拇指给扭伤了，至今仍时有隐痛。

走访了许多单位和部门以及相关知情者，共收集资料六百余条，二十余万字。这些资料全部从有关档案中手工摘录，再录入电脑。然后即可据此进行归类整理了。

归类整理资料

整理资料包括两个内容：建立资料摘录卡和编写资料长编。

一、建立资料摘录卡

资料摘录卡是把各类内容依照年份排列，一事一卡。每张资料摘录卡上具有"资料内容发生时间、资料内容、资料整理时间、资料整理者、资料正文、资料来源"等六项内容,逐一填写。

如:

资料摘录卡

资料内容发生时间:2001年4月28日

资料内容:《关于实施乡镇、街道行政区划调整工作的通知》秀洲委〔2001〕9号

资料整理时间:2016年7月27日

资料整理者:赵忠良

资料正文:各乡镇、街道党委、政府(办事处)、区级机关各部门:

我区现行乡镇、街道的行政区划格局是1992年、1998年乡镇行政区划调整和去年市本级行政区划调整后形成的……根据中央和省、市关于加大乡镇撤并力度的要求,经省、市人民政府批准,区委、区政府决定实施乡镇、街道行政区划调整工作,现就有关问题通知如下:

……

设立嘉北街道,其区域范围为原新城街道天河、建明、陆家苑、友谊、嘉州美都、常秀、阳光7个居民区;原新塍镇九里行政村、原嘉北乡亭子桥、木桥港、义庄、吴家桥、百花、陶家桥、顾家浜、南陶浜、和殷、渔民村10个行政村。新设立的嘉北街道共辖11个行政村,7个居民区。街道办事处驻地为嘉兴市区东升路底(原嘉北乡政府驻地)。

资料来源:嘉北街道档案室(2001年第4号第120页)

二、编写资料长编

资料长编是指在编纂过程中,将收集的原始资料,经过归类、整理、鉴别、考证、核实、筛选后,按时间与一定的逻辑关系依次排列的一种汇集形式,具有原始性、客观性、准确性、全面性、系统性等特点。区志办要求的长编提纲如下:

(1)章下序;(2)境域概况;(3)经济发展,包括农业、工业和商贸服务业;(4)工业园区;(5)邮电通讯;(6)村镇供水;(7)社会事业,包括教育科技、文化体育、卫生与计划生育;(8)驻街道主要居民区及单位。

此外还有基层党组织、基层政权组织以及人物等。后来根据提纲要求的变化作了相对应的调整。

收集整理资料,说白了就是将现成的文字作一摆布,故同行们戏称撰稿者是"文字搬运工"。通过文字组织,完成了查阅收集资料和归类整理资料两项工作,并送区志办。接下来即可着手撰写《嘉北街道》之初稿了。在这之前,2016年的12月28日,我向主管领导作了书面的总结和汇报,同时将装订成册的《资料长编》和《资料摘录卡》(共四卷)呈上。装订成册的工作由林学通老师帮助做的。

撰写易改初稿

2016年3月下旬,秀洲区史志办鉴于收集整理资料工作有了一定的时间,大多数单位和部门的撰写员都准备进入撰写初稿的事实情况,举办了初稿编撰培训班。

初稿实际上就是完成长编的转换。它分四个步骤:1.研读消化资料;2.试写志稿;3.全面撰稿;4.修改完善。要求对所收集到的原始资料进行消

友谊街牌楼

化,先易后难,宜应反复斟酌,不要急于上交。同时,还要注意据事直书,做到把事物的本质特征叙述清楚,以及行文的规范用现代通俗的语言表达等问题。初稿做分类表述,有诸如会议机构类、产品类、工程类、综合纪事类等类别,其中综合纪事类所占的比重最大。此外尚有表格和图片的形式。

当时只不过工作了二十几天,撰写初稿为时尚早,但我不放弃这个机会。聚精会神地听着,认认真真地记着。说实在的,这次培训在后来的初稿编撰中受益匪浅。

2017年3月底,嘉北街道办事处乔迁新址,从原来的东升西路450号迁至1号(即始建于1997年的原嘉兴经济开发区行政中心)办公。在搬迁期间,各个方面的调度工作烦琐忙碌,故未能及时安排我的工作室。舒成章(当时任党政办主任)先生教我暂且休息几天。考虑到撰写初稿工作的紧迫性,我真是心急如焚。于是打电话给小章(有关事宜一直是通过章金金联系,搬迁至新址后,她就不再联系了,但是区志办发过来的电子文稿,还是通过她打印给我的),说工作室能容一桌一椅可矣。不久得到通知,工作室暂安排在2号楼的图书室,后来确定在同是2号楼的221室,这里冬日有充足的阳光映照,就是离三楼的档案室略远一些。经过几易其稿,我将撰写的报审稿以电子稿件的形式上交区志办,听候修改意见。

区志办吴海红女士审稿非常认真。对语法语句及标点符号作了细致的校正,还认为某些数据要仔细核实。如关于1983年的粮食总产量问题。因为当时统计产量的单位是:单产为市斤,总产为市担(一担100斤)。我于是得出了184万吨的结论。由于当时统计中没有严格按照既定单位填数,因此引起了计算上的错误,实际是1.84万吨。此外,吴女士更是从全方位着眼,认为我的报审稿尚有许多方面还需加以充实,要我再想方设法挖掘收集资料,进一步做好初稿的修改补充工作。

补充修改送审稿

2018年8月24日,区志办召开了区志编纂工作片组交流会,目的是进一步提高完善《秀洲区志》初稿的编撰质量,确保各单位如期完成志书供稿任务。参加人员是各单位的主管领导和主笔撰稿员。嘉北街道主管领导柴肖容女士委托周翟先生与会。会中,发了《秀洲区志》第二编·镇与街道(第八章即嘉北街道)的送审稿。

虽然送审稿是本人所撰,但在审视的环节中不敢掉以轻心。究竟还是发现了一些需要修改和补充的问题。如:

关于沿革表述方面:如1947年至1949年这段时间,境域归属塘汇区双桥乡,乡公所驻地顾家浜;关于加深穆河溪历史名胜的具体认识;关于"金都社区"误为"京都社区"(经街道民政办顾婷婷女士发现并指正);关于工业园区:由于前稿是参考嘉兴市秀洲区经济贸易局《秀洲经贸》(2010年12月第34、36—41页)而写成的。今在审稿过程中,获得嘉北街道2010年的《嘉北经济动态》原始资料,对照后发现出入较大。当时嘉北街道就是以此口径上报秀洲区及市经济开发区的;关于嘉北古典园林建筑队:始建于1972年的嘉北建筑队属下有一"古典园林建筑队",专门服务于古典园林建筑。先后承接了嘉兴市文化部门的诸多古典文化建筑工程,并圆满地完成任务。如:王店曝书亭建设工程、南湖烟雨楼翻建工程、董必武诗碑亭建设工程、沈钧儒故居建设工程、沈曾植故居翻建工程、觉海寺修缮改建工程、范蠡湖(部分)建设工程以及中基路月河街(部分)修缮改建工程,并圆满地完成任务,在嘉北历史上留下了浓墨重彩的一笔(很遗憾,这一段最后还是没能写入区志,原因就不说了);关于里人顾蕴石重教兴学的义举等六个方面。

根据秀洲区地名办提供的资料,并参照《嘉兴市志》,同时走访了相关人士,分别在初稿的269页、273页、274页、281页、283页、286页作了相应的修改和补充。接着,将送审稿连同补充及修改说明一起,呈送党工委书记汤瑞林先生过目并签字,然后送交区志办。

初稿的形成,是与各单位、部门的热心支持所分不开的,它是集体努力的成果,本人不过是将文字组织了一下而已。特别要提到下列人士:宋根弟、朱惠荣、章金金、徐芳珍、许爱珍、金延、武静、施燕、莫小燕、吴洁人、游裕文，或提供资料，或打印纸质文稿。他们对我撰稿工作的关心与支持，使我倍感亲切与鼓舞。在此一一向他们表示深深的谢忱！同时还要感谢周振明老师，在我整个编撰工作中给予指导和帮助。

能为编写《嘉北街道》尽绵薄之力，是我人生一桩愉快的事情。

（赵忠良）

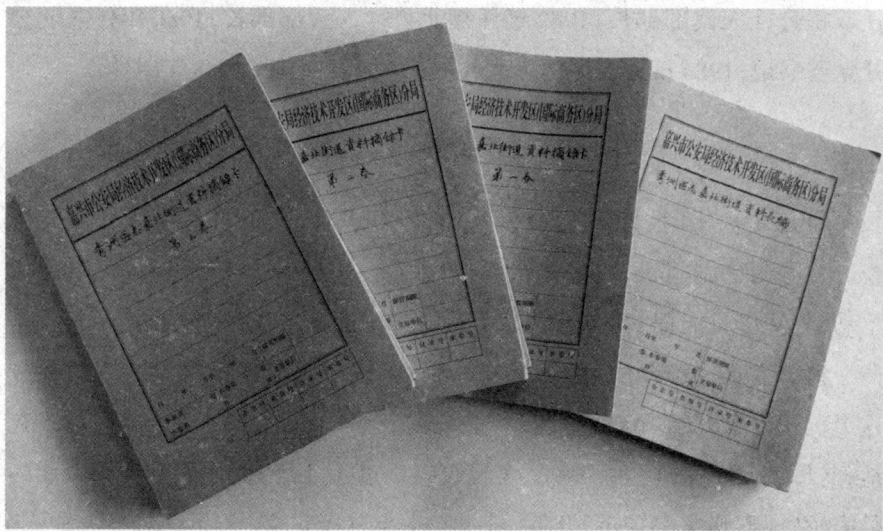

装订成册的《资料卡》（三卷）和《资料长编》一卷

剿匪反霸　饱经风霜

——周云才追忆往事

　　周云才出生于1926年，1950年任嘉兴县双南乡乡长；1951年任嘉兴县塘汇区人武部部长；1953年任嘉兴县人武部参谋；1958年任嘉北乡乡长，后任双桥公社人武部部长；1962年任嘉北公社人武部部长；1980年任嘉北公社党委书记；1984年任秀城区人大常委会法工委主任；1988年退休。

来到嘉兴

　　周云才六岁时，家乡台州发大水，父母带着他和四岁的妹妹一起逃难。父母用一副担子，挑着兄妹俩，一边走一边讨饭。走到金华时，实在挑不动了，父母只能把女儿送掉，三个人一边讨饭一边走，来到了嘉兴。

　　到了嘉兴，发现北门的城墙有一个洞（现中山大桥南侧），三人就住在这个洞里。父母到马路边捡一些能填饱肚子的东西充饥。城墙边都是荒地，父母就开垦荒地，种一些蔬菜当饭吃。过了几个月，他们到嘉兴以北的吴家桥（现嘉州美都一带）开荒，搭了一个小草棚安家。

逃出魔窟

　　1937年，日本人来了。他们一家人往北逃难。回来时，发现那个小草棚被烧掉了。他们一家又没有地方住了，就到塘汇太平桥附近租了几亩田，靠种田过日子。

那时，他们一家已有六人，周云才是长子，两个弟弟，一个妹妹。弟弟妹妹还小，田里的活就靠父母和周云才，一年到头，交了租米，养不活一家人。这还不算，日本人还经常来"拉伙"，弄得不好，死在他们手里。周云才19岁那年，正是年轻力壮的时候，在麦收的时候，保长带着两个保丁，来到田头，说："跟我们走！"在那个年代，谁敢说个"不"字。他只好跟着他们走，不知道去哪里，也不知道去干什么。父母也没办法，眼巴巴地看着儿子被带走。

周云才被带到东大营。那里是日本人的一个司令部，里面有很多日本人，有许多汽车、坦克、大炮。被带来的人一共有一百多个，都是年轻力壮和他差不多年纪的人。日本兵荷枪实弹看住他们。大家都很怕，谁都不敢说话。后来，翻译告诉他们，要他们修筑炮楼。

日本人不把他们当人看，吃饭没有碗、筷，把饭装在帽子里，用手捞着吃，难得有一点咸菜，经常吃白饭。晚上，一百多人挤在三间小房子里，地上铺一点稻草。睡在那里人挤着人，连脚也伸不直。由于铺的稻草很薄，又没有被子，很多人都冻坏了。后来，父母从保长那里知道他在东大营，就送来了衣服和被头，才熬过去。

炮楼修筑在东大营的东北角，因为那里可以监视河面和角里街。这一百多人中有会泥匠活的，就负责砌墙，其他人就做小工。有人把船上的砖块抬到工地上，有人把砖递给泥匠，还有人拎泥桶。早晨天还没亮就起床，吃几个馒头就干活，一直干到天黑。吃得不好，还十分劳累，有些人病倒了，但病倒了也得干活。有两个日本人专门拿着鞭子，在工地上监督。谁干活慢一点，就会挨打；谁要是不听话，日本人让他跪在地上，当着大家的面，狠命地揍。当时也有人想逃跑，可是谁也逃不掉，被抓回来的人打得就更惨了。他们心里的恨是无法能用语言描述的，但谁都不敢说话，不敢反抗，因为打死你就好比踩死一只蚂蚁。

这样的日子真的无法过下去,那地方简直是魔窟,一定要想办法逃出去。周云才经常和一个苏北人、一个当地人一起抬砖头。他们两人都是在街上被"拉伕"来的。三人经常一起商量怎么逃出去。日本人管得很严,白天黑夜都有人持枪放哨,要从工地逃出去是根本不可能的。两个月后的一天,日本人要派人外出拉煤饼,正好点到他们三人。他们拉着板车,两个日本人带着枪,押着去角里街拉煤饼。他们一边走,一边想办法,如果在路上逃跑,日本人手里有枪,会被打死。但如果这次不逃,以后难有这样的好机会。到了煤饼店,因为店门口没有煤饼,老板要他们到后面的仓库去搬。两个日本人就守在门口,以为只有一个出口,没有跟他们进去。到了仓库,他们发现有一扇小门。机会来了,就飞快地从小门逃走。日本人等得时间长了,再来找,他们早就逃得无影无踪了。

他们三人逃走后就各奔西东。两人是在街上被抓来的,日本人不知道他们的家在什么地方,就没有办法去找人,可以回到家里。周云才的家在塘汇太平桥,是保里送来的,日本人肯定要去找,是决不能回家的。他就一直往南逃,逃到大桥那个地方,换了一个姓名,在一户人家做长工。他有家不能回,也没有把消息带到家里,害怕万一走漏消息,被日本人抓去。过了半年多,抗日战争胜利了,他才回到家里。那时,他才知道逃跑的第二天,日本人到他家找人,还把父亲打了一顿。保长还连续几天派人到他家查人,要是他回家的话,肯定会被抓回去毒打,说不定会被打死。

剿 匪 记

抗战胜利后,周云才又把家搬到吴家桥,后搬到南道浜,一直给地主做长工。1949年5月,嘉兴解放了。穷人翻了身,当家做了主人,周云才比谁都开心。那时,嘉北这一带属于塘汇区管辖。区里的南下干部杨明海动员周云才参加减租减息、反霸等工作。他积极参加,成了村里的骨干,后来担任村里的民兵队长。

由于不怕死,工作积极,1950年6月成立双南乡人民政府时,那个南下干部推荐周云才担任双南乡乡长。

这乡长是不好当的，不但报酬少，而且风险高。每个月60斤(每斤500克)大米，就是全部"工资"。当时年轻，60斤大米一个月差不多吃完了，没有多余的大米去换生活用品。菜就靠自己在乡政府旁边的地上种一点。冬天，就把菜腌一腌，长期吃咸菜。他当时的主要工作就是剿匪，是土匪的"冤家对头"，风险自然很高。

双南乡乡政府设在德芳桥(现王江泾镇宇四浜村)的一座庙里。乡干部只有四个人，乡长、副乡长、农会主任、文书。有一次，土匪用纸包住砖头往庙里扔，摊开纸一看，上面写着："放下武器，当心小命!"有一个乡干部胆小，不敢做了。他不怕死，配了一支长枪，一支短枪，三个手榴弹，随时准备和土匪同归于尽。

嘉兴县从1949年5月开始就集中主要兵力，扫荡大股土匪。经过1949年的全面清剿，土匪已经丧失了公开活动的能力和机会，但散匪还有不少。那时，乡里没有任何记载，没有户口管理，他们在明里，土匪在暗里，很难发现土匪。要捉拿土匪，唯一的办法就是靠群众的揭发或者土匪的自我暴露。周云才一般白天睡觉，晚上和土匪周旋，哪里有土匪的抢劫活动，马上带民兵去抓。

当时对散匪的政策是：首恶必办，胁从不问，立功受奖。通过政策的宣传，瓦解土匪队伍，也取得一些成果。

1950年冬季的一个夜晚，有人提供一个信息：九里汇(当时双南乡、新农乡和高照乡交界的一个小镇，现在的新城街道九里村南部，已拆迁)有一股土匪在聚赌。当时周云才在塘汇区开会，马上通知乡里的民兵紧急集合到九里汇抓赌。民兵带枪冲进赌场，一个土匪拔枪打死了一个叫阿明的民兵，现场一片混乱，土匪乘机逃脱。

这件事惊动了嘉兴县剿匪委员会，要周云才立即捉拿凶手。根据群众的揭发，这个凶手是亭子桥村的土匪沈子海。他作案后就逃离了，不再回家。当时没有其他信息来源，只有在他的家周边日夜守候。民兵一直守候了15天。一天半夜,周云才和几个民兵在义庄村的一个大竹园守候,发现一个人影向亭子桥走去。一个民兵认识他,大家就扑上去把他抓住。当时,乡里的任务是抓人,人抓来了就送到县里。不几天,县里作出宣判,枪毙了沈子海。

到1950年底,双南乡抓了土匪二十多人,送到县里,其中七人枪毙。经过半年的艰苦的剿匪斗争,取得了成果。整个乡的社会秩序基本稳定,土改工作也顺利进行。

1951年,周云才被调到塘汇区做人武部部长,继续做好深入挖掘、肃清残匪工作。

大跃进　放卫星

1958年3月,周云才从部队转业回到嘉北乡当乡长。下半年,当时的虹阳、双桥、双南、马河等四个乡合并成双桥人民公社。他任双桥公社人武部部长。公社党委书记等主要干部由嘉兴县委派来。整个公社有十多个干部。

人民公社成立时,大办钢铁,大办工业,大办农业,大办食堂……一切都要大跃进,较典型的是"大搞新农具革命"和"双桥农场'高产试验田'"这两件事,周云才记忆深刻。

记得1958年插秧时节,嘉兴县委组织公社干部到嘉善(那时嘉兴、嘉善合并一个县)参观新式农具的使用情况,推广新农具。让公社干部看插秧机插秧,县委主要领导亲自带队。大家看了拔秧机拔秧,插秧机插秧。那时的这些机器过不了关,只是在参观时做做样子的,实际上农民用不了,都丢在路边。参观的时候,周云才一边走一边说:"看看蛮像样,实际没用场。"有人把这句话传到领导耳朵里。晚上,全体干部在塘汇区开会。开始时,会议主要就是学习,听报告。学习到深夜11点半后,那位领导就点名批评周云才,要他谈对农具新式革命的认识。周云才知道自己闯了大祸,只好在大会上做检讨,然后听取大家批判。因为这是对革命的态度问题,所以一直检讨、批判到清晨两点多。领导还嫌他检讨不深刻,要他回公社以后写书面检讨,还要在实际行动中看表现,再作处理。

1958年秋收时,双桥农场搞了一块"高产试验田",组织公社、大队、生产队干部去参观。他们把几十亩田的快要成熟的水稻连根拔起,移到一处,四周用竹竿围住,稻穗紧紧地挤在一起。于是出现了"小孩坐在上面不会倒下,鸡蛋丢在上面不会漏下"的水稻高产典型。可是,水稻还没有完全成熟,挤在一起会马上烂掉,人们就在这块稻田的四周装鼓风机,往稻田里吹风。这些稻收割下来,据说亩产可达几万斤,放了个大卫星。实际上,到最后,这几十亩水稻颗粒无收。

被批斗

1962年4月,嘉兴县贯彻"农业六十条",双桥公社调整为三个公社,即双桥公社、虹阳公社和嘉北公社。周云才担任嘉北公社人武部部长,参与纠正了人民公社化运动中"共产风"的主要表现"一平二调",给社员留足自留地,实行以生产队为基本核算单位等一系列工作,调动了农民的生产积极性。

1965年,周云才参加嘉兴县组织的社会主义教育工作小组,在临平开展社会主义教育运动,即清政治、清经济、清思想、清组织,称为"大四清"。1966年文化大革命开始后,周云才回到嘉北公社。在"造反有理"的那个年代,他很快被造反派揪斗,成为无产阶级专政的对象。

首先,造反派夺了权,把他们打倒。因为周云才是部队转业,性格直爽,再加上平时工作上得罪过一些人,就一下子被立为主要专政对象,交代、检讨,没完没了,而且天天被批斗,有时候身体不好,发高烧,一天照样批三次。批的最厉害的一次是在一个广场上放一张乒乓台,乒乓台上放一张方桌,方桌上放一张学生用的课桌,最后在课桌上放一条长凳。长凳上放一些瓷碗的碎片,让他卷起裤管,跪在碎片上。他的头颈上还挂一块大黑板,上面写着:"打倒阶级异己分子周云才!"批斗了一个半小时,鲜血从长凳上流到课桌上,流到方桌上,最后流到乒乓台上。

刚开始批斗时,周云才抵触情绪大,后来时间长了,批斗的次数多了,也不足为奇了。因为嘉北公社离嘉兴距离近,造反派经常带他去参加县里的批斗会。有一次批斗"徐、沈、樊大会"(徐永三、沈如淙、樊家禧),周云才去陪斗了。他心想,县里一二三把手都被斗了,我有什么稀奇。但他有一条:不能死,死是畏罪自杀。所以,后来不管怎么斗,也都不抵触了。

粉碎"四人帮"后,嘉兴县革命委员会派袁木金为组长的工作组到嘉北公社。周云才被结合到公社党委。领导要他揭露那些文化大革命中斗过他的人。他说:"人斗人"让他受了那么多罪,不能再让别人受罪了。现在,只要大家一起好好工作,什么都过去了。1980年,他担任嘉北公社党委书记,就一个一个找斗过他的人谈话,说以前对他的批斗是大形势需要,就是你们在执行中太积极一点。要大家放手工作,他决不会报复。

同吃同住同劳动

在公社化时期,干部要参加劳动,这是有规定的。在文化大革命时期,除了要周云才写交代,做检讨,拉去批斗外就是劳动;文化大革命结束后,他也基本上住在社员家里,和社员"同吃同住同劳动"。

文化大革命头几年,周云才住在新兴大队(现木桥港村)宋云南家。那时,他还在接受批斗。宋云南是大队革委会主任,要他在那里接受革命群众的监督。每天一早,周云才把宋云南家水缸的水挑满(那时吃河水),吃了早饭就和社员一起参加劳动。公社革委会要他去哪里批斗,有人会来揪他。

1975年,他住在人民大队(顾家浜)5队的队长严留福家,还在那里搞了一方试验田,从种到管,从管到收,他都亲自参加。

1979年,周云才住在跃进大队(沈家桥)的一个社员家里,也搞试验田。为了积土杂肥,他经常一个人摇船去南湖罱河泥。早晨,天刚亮,他摇一只三吨水泥船,两个小时到南湖,一个多小时罱满一船。回家是满船,要摇三个小时才能到沈家桥。他从南湖摇到石臼漾要休息一下,于是把船停好,捞船中河泥里的老菱(南湖菱老了来不及摘,落在湖里,不会烂掉,第二年还会长出芽来。这种菱很好吃,挺香,人们又叫风菱,罱河泥的时候连泥带菱罱到船中)一般每船河泥里可以捞五六斤风菱。捞完风菱,继续摇船,下午一点左右可到沈家桥。吃了中饭再把这船河泥一勺一勺(粪勺)地舀到岸边的泥塘里,完成任务后,天快黑了。当时,公社干部和社员"同吃同住同劳动"不是装装样子的,完全同社员一样。在田间劳动时,你根本不能分辨哪个是干部,哪个是社员。

那时住在社员家里吃饭要付粮票,一天一斤多一点。自己每月发的粮票,除了开会、公社食堂吃掉以后,都交给他们;伙食费每天0.35元;睡觉没有房间,只要有能搭得下一张床的地方就可以了。

公社农业技术学校

1975年初,周恩来总理病重,邓小平复出主持中共中央和国务院日常工作,开始对全国各条战线进行全面整顿。农村掀起了全党动员,大办农业的高潮。当时周云才已经结合到公社革委会,负责全公社的农业生产。为了发展农业生产,提高粮食产量,1976年3月,嘉北公社开办了一所农业技术学校。周云才任校长,公社农技站的技术员担任老师。

学校办在为民大队(现王江泾镇金鱼桥村)。办学的目标是学习农业技术,培养农业技术员。当时全公社已经分成16个大队,每个大队推荐一名有一定文化的年轻人,参加学习。第一期学习一年,以后每年一期。学员由各大队推荐,误工费由大队给予工分,还补贴每天0.2元生活费,即学员的用餐费。

学校利用原有的六间空房。两间做宿舍,每间睡八人,一间会议室(教室),一间厨房,还有两间放农具、杂物。

学校学习的内容是前些年党中央和毛主席提出了搞好农业生产必须执行的八项措施,叫《八字宪法》,也就是"土、肥、水、种、密、保、工、管"八个字。这八个字内容丰富,抓住了作物的主要影响因素和综合管理的关键技术,曾对我国的农业生产的发展起到了积极的作用。还学习当时浙江省农业厅的一本关于水稻种植的技术资料。他们一边学习这本书里的内容,一边结合种植的实际情况,把选种、播种、育秧、移栽、施肥、灌溉、病虫害防治等各阶段的理论和实践记录整理出来,用蜡纸刻印。一年后,钉了厚厚的一本书,学员每人一本。

这个学校实际上是公社的农业生产试验基地,有24亩田。理论学习是很少的,主要是实践,那就是在那24亩农田种植早稻和晚稻。周云才在公社没有会议和中心工作的时候也和大家睡在一起,吃在一起,劳动在一起。

学校在这24亩田里主要搞各种试验,记录有关数据进行对比。插秧时,每丛秧苗多少的对比;种植时,株距和行距窄宽的对比;施肥时,施多施少的对比和用什么方法的对比等等。比如施化肥,他们把化肥撒在地上和把化肥拌在泥里捏成小圆球,埋到作物的根部作对比。很明显,埋在根部的效果好,而且节约肥料。他们还用花草(一种绿肥,学名紫云英)拌河泥,拼少量猪羊灰(厩肥)堆积沤烂后施于稻田和直接翻耕在土中作对比。一般花草在秋收后播种,春季生长,长得非常茂盛,在未开花前可以食用。当时,农民把花草直接翻耕在土中,当做肥料。他们在田边挖一个坑,把花草割下来放在坑边。派人到河里罱来河泥挑到坑里。一边倒泥,一边把花草拌在河泥里,还适当拌一点猪羊灰(在当时农民把它叫做小塘泥),过一段时间,再把沤烂后花草和泥挑到田里作肥料。收获时,这样施肥的作物生长特别好,效果明显。

周云才以点带面,管好全公社的农业生产,播种、管理、收获都从这里开始,推广到全公社。

经过这个学校学习的学员,大多成为大队农业技术员、植保员,后来也有的成为大队的主要干部,如大队长、书记,有的还成为公社党委委员,城区组织部干部。

(周振明)

参与土改　注重政策

——访卢仁观

永德村,即现在的木桥港村和义庄村。因为木桥港村西北和沈家桥交界处有座永兴桥,义庄村东南和殷秀村交界有座大德桥,故取名"永德村",后分为木桥港、义庄两个村。

2009年1月8日,笔者去秀洲区新城街道义庄村老农卢仁观家采访。卢仁观出生于1923年,是永德村第二任农会主任。他兴致勃勃地跟我谈起了土改时的一些情况。这里用访谈录的形式作些介绍。

问:老卢,你是中华人民共和国成立初的农会主任,请你谈谈当时农会的情况。

答:我是1951年年初开始做农会主任的。前一任农会主任是吴金虎。农会办公室设在一座楼房里,是当时一个大地主的住宅(已拆除)。这座楼房是砖木结构,两层,在当时农村里是很少见的。东西各一间,中间是大厅。一百多人开会都能挤得下。记得当时农会副主任有周子泉(已故)、徐彩官(已故)等。村长赵福根(已故),民兵队长顾关新。

问:当时永德村属于什么乡,还记得乡长是谁吗?乡政府在哪里?县政府在哪里?

答:当时永德村属于双南乡,乡政府设在花家圩(现在是王江泾镇宇四浜)那里有一个大地主叫周某某。他的房子很大,没收以后做乡政府的办公室。乡长是周云才。县政府设在新塍,具体位置好像在镇上沈家老屋里(后曾为新塍镇派出所之处)。

问:当时农会主任的报酬如何?

答:没有报酬,一分钱也没有。中华人民共和国成立前,我是长工,中华人民共和国成立后,周云才叫我做农会主任,我就做了,根本没有想到报酬。

问:土改时怎么划分成分的?土改是怎么搞的?

答:各地的情况可能有所不同,在我们这里是这样划分的:有自田或租田10亩以上,农具齐全,自己一家人都不劳动,全部雇工,完全靠剥削为生,评为地主;有自田或租田较多,农具齐全,自己参加劳动,也雇长工或短工,为富农;有自田或租田较少,农具基本齐全,靠自己劳动,不剥削人,为中农;只有少量自田或租田,农具不全,自己劳动,有时还为地主做工,为贫农;没有土地,以做长工为生,为雇农。后来中农又分为上中农和下中农。上中农土地多,有少量剥削,接近富农;下中农土地少,不剥削人,接近贫农。雇农因分得了土地、农具,不再做长工了,也改为贫农了。所以,以前在农村的依靠对象是贫下中农。当时。农会干部到乡或县里开会,学习政策。然后,乡里派土改工作组下村,摸清整个村的土地占有情况和农具配备情况,召开贫、雇农大会,一户一户地没收地主、富农的土地和财产。我们带领贫、雇农到地主家里,把该没收的东西全部搬出来,当场清点,当场分掉,包括家具、农具等,房屋也当场分给符合政策的长工。土地由土改工作组的同志写好牌子,哪块田分给谁的,牌子插在田里。看不见的东西,一般不没收,如金、银、钞票等。土地、农具、房屋都给地主留下一点,要他们自食其力。对富农主要是没收土地和农具。按政策规定,为保证其今后自食其力,容许保留一定的土地和农具外,余则没收,但对房屋、家具等均不没收。整个村的土改过程是顺利的。有些地主的东西当场没有分掉,就搬到楼房里集中,等开大会时再分。有不少台子、椅子、长凳留作村里办公用。

土改时农民分到土地和耕牛时喜悦场景

问：你当时分到多少土地、农具，你是怎么种田的？

答：我原来在地主家做长工。土改时，我分到了六亩田，还有一些农具，也分到了房子。有了自己的土地，就自己耕种。当上农会主任后，就起早落夜地在自己的田里做，白天要到村里去。农忙时，因为村里工作忙，自己田里的农活来不及做，就让地主、富农帮我做（让地主、富农帮他干活，这大概就是农会主任当年的报酬）。他们不敢不做，做得也不错。我可以安心做村里的工作。田里的收入也可以。30岁时，我结了婚，后来有了两个儿女。

问：当时，农会主任的主要任务是什么？你去县里开会吗？在哪里开的？

答：农会主任的主要任务是土改，把土地和财产从地主手里分给贫、雇农。还要兴修水利、疏通河道、调解纠纷等等。我也到县里去开会，内容是听报告，学政策。开一次会至少要一个星期。自己挑着被子、席子、米、稻草走到新塍。会议在新塍镇陆家桥南面的一座大房子里开。报到时，先把米拿到食堂里称,付三分钱一斤米(500克),换成饭票。自己再买些菜票。稻草、被子、席子放在睡觉的小房子里。睡的是"地铺",即在靠墙边的地上先铺上自己带去的稻草,上面再铺上席子,就可以睡觉了。晚上,大家头靠墙,脚朝中间,鞋子就脱在旁边。开会没有一分钱补贴。我还是人民代表,去县里参加过人民代表大会。开人民代表大会不用带米,不用买菜票,吃国家的,但被子、席子、稻草还是要自己带去,也睡在地上。

问:你农会主任做了几年?

答:大约三四年。后来村改为代表区,义庄村是十五代表区,设代表主任,我就不做了。以后农民又联合起来,开始搞互助组、合作社,农民从分散的一户一户到组织起来,后来成立了人民公社。

(周振明)

乡村干部　多职多能

——柳好观谈工作

　　柳好观,1928年出生,现住王江泾镇沈家桥村,普通农民。1949年5月起先后担任双桥乡明盈村(现沈家桥村)民兵大队长;嘉北乡第十三高级社监察主任;嘉北公社跃进大队党支部书记;东方红大队党支部书记兼嘉北公社党委委员;嘉北石灰厂党支部书记;嘉兴县新塍公路嘉北路段工程总指挥;嘉北船队(运输站)党支部书记兼队长;1989年退休做农民。

东方红大队

　　现在的新城街道木桥港村,王江泾镇的沈家桥村、金鱼桥村,在1969年至1972年的两年多时间里,合并为嘉北公社东方红大队。柳好观担任大队党支部书记。在这以前,嘉北公社有16个大队,为了体现"一大二公",方便管理,全公社合并成五个大队。当时,另外四个大队分别叫"光辉大队""先锋大队""三红大队""曙光大队"。这个大队地处嘉北公社西北部,要向东看,就叫"东方红大队"。从这些大队名称可以看出当时一派欣欣向荣的革命景象。

　　当时合并的三个大队叫新兴大队(木桥港村)、跃进大队(沈家桥村)和为民大队(金鱼桥村)。三个大队的交界处在东杨家桥和南杨家桥之间。

大队就在这里搭了一个大草棚,里面分为四间,一间作大队办公室。里面两张办公桌并在一起,一张是大队会计的,还有一张给柳好观和其他大队干部用。其他几间作会议室。另外还搭了一个小草棚,作大队卫生室。

原三个大队的党支部书记任党支部委员。柳好观兼任大队革命委员会主任,副主任分别为原三个大队的革命委员会主任。大队会计是新兴大队的何声明。柳好观基本上每天要到大队办公室,但也要参加劳动,其他干部不用每天到办公室,有什么事就来,会计要天天到。柳好观和会计的报酬就拿所在生产队男劳力全年的平均工分。其他干部在大队工作,由大队会计撕误工票到生产队记分。到年终,都按所在生产队分红获得报酬。

1970年初,大队就开始造房子。大队派人把跃进大队张家浜的地主房子拆掉,其砖、瓦、木料用于建造大队办公室。一共造了六间大房子,三间用"人字梁",作大礼堂,可以开社员代表大会。三间作单间,一间作办公

劳动中的女社员

室,还是两张办公桌;一间给缝纫组,还有一间备用。当时大队叫几个会裁剪,会踏缝纫机(当时称洋机)的社员,成立一个缝纫组,为社员做衣服。

这三间单室朝南开门,前面是一个大广场,广场边就是南杨家桥港。这个大广场,可以开社员大会。大礼堂朝东开大门,门前是南北向的东杨家桥港。

后来在大房子的北面又造了三间小房子,作食堂。食堂边造了厕所。大队卫生室也造了两间房子。当时的医疗室由新兴大队的赤脚医生李杏根负责,跃进大队的赤脚医生王苗荣,原为民大队的赤脚医生吴有珍,还有公社派来的一个医生。医疗室每天晚上有人值班,社员有病,不管白天黑夜,随叫随到,而且看病不要钱,由大队合作医疗报销。

造好了大队的房子,大队又在杨家桥港南,建造了几间房子,办起了东方红初中。东方红初中和大队的房子隔河相对。同年,大队的大礼堂的河对面,嘉北供销社建造了五间房子,设立了嘉北供销社分部,社员可以在这里买到生活用品和生产资料。大队在嘉北供销社综合商店北面建造了三间房子,成立一个"竹木工部",把大队里的竹匠、木匠组织起来,为社员编制竹器和木制生活、生产用具。

所以,那时的东方红大队所在地,也可以称为原三个大队的政治、文化、医疗和经济中心,非常热闹。

东方红大队时期都是大小队。因为在合并大队时也合并了生产队,全大队只有18个生产队,体现了"一大二公"。当时对生产队的管理采取了派贫下中农宣传队的方法。大队抽几个年轻党员,组成"贫宣队",到比较复杂的、问题比较多的生产队,吃住在社员家里,和社员一起劳动,解决那里的问题。比如二队的干部有矛盾,大队就派以卜增良为队长的"贫宣队"进驻,解决了那里的问题。

东方红大队原三个大队各有一所完小(一到六年级),新兴小学负责人周振明;跃进小学负责人张明华;为民小学负责人吴宝金;还有东方红初中负责人应继云。大队成立贫下中农管理小组(简称贫管组),组长由大队支部委员李芳根担任,原各大队的一名干部任副组长,组员就是各小学的负责人。大队贫管组在公社贫管会的领导下,具体管理这几所学校。主要是学校的扩建、维修、赤脚老师的选用、每年工分的落实以及困难户的学费减免等工作。那时还没有搞计划生育,出生率高,全大队有学生五百多人。

东方红大队不到三年,又分为三个大队。大队部和卫生室的房子拆了,材料被三个大队分掉。东方红初中后来也由新兴大队拆去,竹木工部的房子由为民大队拆去。这里又是一片田野了。

成了"公社干部"

文化大革命开始后,嘉兴出现"联总指"和"革联司"两大造反派。1968年两大派实现革命大联合,嘉兴县成立"嘉兴县革命委员会"。而后,嘉北公社也成立"嘉北公社革命委员会",取代了原党政机构,实行一元化领导。当时的革委会主任是吴克毅,柳好观也被结合进去,成为一名委员。

1971年,公社成立党委会。党委书记是杜百泉,委员有钱仁龙、朱润华、郦水金,还有先锋大队的党支部书记陈金泉,曙光大队党支部书记张雨明,三红大队党支部书记顾关清,光辉大队党支部书记沈阿三和柳好观五个人。前面四人都是脱产干部,当时称他们是"在家委员",其他五个人是"群众代表",相当于现在的"常委"和"普通委员"。

公社驻地在顾家浜(现在的昌盛花园区域),一般每月开一次党委会会议。党委会会议书记先组织学习毛主席语录,然后布置或讨论工作。那时几个"常委"内部分歧很大,主要是派性作怪。几个群众代表很难选边,只好尽量回避。为了周云才的"解放"问题,柳好观和他们发生过争论:因为他知道周云才中华人民共和国成立前在一家姓陈的地主家做长工,根本不是什么阶级异己分子。所以,他坚持自己的观点,要尽快解放周云才,让他出来工作。周云才被打倒后,两年时间住在柳好观所在生产队的一户社员家里,参加生产队劳动,社员都说他好。柳好观和他在1949年后都是背着长枪的民兵大队长。1950年,周云才做了乡长,几次叫柳好观去乡里工作。柳好观放不下刚分到的14亩田,怎么也不肯去。周云才胆大,大公无私,肯吃苦,有能力,以及为人,柳好观一清二楚。看着周云才被斗,实在看不过。

农业学大寨是公社时期经常抓的工作,实际上就是一句口号。当时的党委委员钱仁龙去大寨参观,回来后给大家开会。钱仁龙说,学大寨主要是学习他们的自力更生,艰苦奋斗的精神。与天斗,其乐无穷;与地斗,其乐无穷。所以学大寨也推动了农业生产。当时,抓生产还是抓得很紧的,抓了农业技术的学习,提高了复种指数,在一块田里,冬季种大小麦,收了大小麦马上种早稻,收了早稻马上种晚稻,一年三熟,提高了粮食产量。问题是在那些年,按劳分配得不到体现,社员的积极性不高,再加上技术落后,条件很差,只知道苦干,再怎么学大寨也发展不了农业生产。

当时公社党委会没有换届选举。从1971年成立公社党委会后,书记和脱产干部换了好多个,"群众代表"大多没有换。一直到1984年,实行政社分开,建立乡政府时,嘉兴县委陶鸿祥来宣布,这些"群众代表"退出党委会。柳好观的"公社干部"也就到此结束。

柳好观从1949年5月开始到1958年成立人民公社,做过武装委员、民兵大队长、高级社监察主任,都没有报酬,叫作"九年义务工"。那时共产党让翻了身,分到了田,比什么都开心,只要工作需要就去做,连死都不怕,根本没有去想一想什么报酬;1958年开始有了报酬,那就是可以在生产队记工分,参加年终分配;1976年,他担任嘉北石灰厂党支部书记,因为是企业,开始拿工资,每月31元;1980年,任嘉北公社船队(运输站)党支部书记兼队长,每月工资35元;61岁退休,回乡做农民后,就没有什么工资了。2013年年底,国家补发了1万多元,从2014年开始他每月得到补助819元。

从上看出,他这个公社干部是不拿国家工资的,后来有了工资,是企业发的。现在有了补助,说明国家对他们当年的工作是肯定的。

做过工程总指挥

1977年，柳好观被嘉北公社党委会安排开挖长山河工程指挥部任副总指挥。1978年，长山河工程竣工后到新塍公路嘉北路段指挥部，任总指挥。当时，从嘉兴到新塍只有新塍塘一条水路，轮船是主要交通工具。嘉兴县决定从07省道北胜湾经过胜利大队、前进大队、为民大队、跃进大队，再经新农公社区域到新塍的东西向公路。他们的指挥部设在金鱼桥桥堍。

柳好观去的时候，征地、拆迁、赔偿等事都已搞好。他的任务就是造桥和路基的平整。

指挥部有二三十人吃住在一起。这些人主要为桥梁队做小工。这一段有一座小桥，两座大桥。桥梁队负责技术指导和施工，柳好观的任务是提供劳力。当时，造桥师傅要求很高，脾气不好。有些知识青年不听话，他就要去做思想工作。实在不行，就要和大队联系换人。这条线路有田有地，高高低低，高的要挑低，低的要填高。当时没有机械设备，全部靠人力。指挥部把任务分到各个大队，每个大队让各生产队派人挑土。他（她）们自己带饭，在工地上吃中饭。一天到晚地挑土，自然非常累，所以派来挑土的人经常轮换，有的一天一轮，有的几天一轮。他们就是用一双手，一副土箕，一对肩膀硬是完成了路基的平整任务。

柳好观吃住在指挥部，每天在线路上检查填土情况。历时半年多，终于完成平整任务。

新塍公路于1979年年底通车。现在，这条公路几经改造，已成为柏油马路，通了公交车。

（周振明）

庙中求学　草舍育人

——吴银国谈读书与教书

吴银国，嘉兴市洪兴实验学校退休教师，1943年出生，中共党员，家住秀洲区新城街道亚都社区秀洲花园2期。他从教36年，现安度晚年。和他说起小时候读书和长大后教书的事总是侃侃而谈，回味无穷。

读书时的那些事

吴银国家祖祖辈辈不识字。中华人民共和国成立了，村里有所学校，父母就要把他送到学校读书，再也不能让孩子不识字了。

村里的学校办在他家北面大约一千多米的土地庙（原嘉北乡和殷村庙浜，现秀洲区行政中心东北侧）。土地庙在中华人民共和国成立前几年就办了学校，群众叫它"洋学堂"。比吴银国年纪大几岁的人，中华人民共和国成立前就在这里上过学。因为他们原先在殷秀村一家姓张的大户人家里读过书，那叫"私塾"，由大户人家请来"先生"教他们读书。民国时期，保长寿国泰到诸暨请了二位老师，在土地庙办起了国民小学。由于采用城里的方法办学，教书的人称为"老师"，老百姓就叫它"洋学堂"了。这个"洋学堂"几次换老师，后来本村的龙翔做了老师，一直到中华人民共和国成立。

这座土地庙有前后两排平房，每排三间，中间是一个天井（院子）。前排西面两间中间放着两个菩萨：土地公公和土地婆婆。东面一间空着；后排空着。中华人民共和国成立前，后排的西面两间办"洋学堂"，东面一间做老师宿舍。中华人民共和国成立后两个菩萨搬走了，前排也做了教室。

1950年下半年，吴银国开始读书了。那时，前排已经没有菩萨，他在前排读书（一二年级），后排三四年级。因为教室由两间房屋组成，中间还有五根木头柱子，老师在黑板上写字，坐在后面的人看不到，就跑开来看。

为了这个吴家第一个读书人，父母做了一个"书包"。那时，多数孩子就用一块正方形的布，包住书就是了。吴银国的"书包"不一样，还得到了老师的表扬：爸爸做了两块比书稍大一点的木板，妈妈在一块方布的一个角系一根用红头绳绞成的细辫子。包书时，摊开方布（按菱形放，一个角对着自己，系红头绳的那个角朝前），把一块木板放在方布的中间偏后（留出一个直角三角形），然后把全部书放在木板上，将留下的直角三角形折进书缝，放上第二块木板，夹住书本，再将两块木板翻一个身，所有的书都被布包住了，再把左右两个角折向中间，最后把系红头绳的角折过来，用红头绳绕这个书包几圈，扎住就是了。那时没有铅笔盒，就用一块手帕包住笔，在包书时将这个铅笔包放在第二块木板外面，然后再用布包住木板。后来妈妈还绞了一根用布条做成的小绳子，穿在那根红头绳里面，这个"书包"也可以背了。这样的"书包"保证了课本的平整，所以后来有不少同学也做了这样的"书包"。这个"书包"他一直用到四年级。

龙老师一个人教一二年级的语文和数学。那时"语文"课本叫《国语》，数学叫《算术》。学的字都是繁体字，竖排本，比如语文课本的封面写着《國語》，数学课本的封面写着《算術》。那时不教拼音，老师都是用土话教的，虽然读音和现在有些不同，但意思的理解反而容易。

大家都很尊敬老师，很听老师的话。那时上学主要就是读书，认字是主要环节，接下来就是读和背。背书是必须过关的，每篇课文都要到老师那儿去背，背不出是要体罚的。老师对写字的指导是很重视的，因为方块字是很讲究工整和结构的。繁体字笔画多，更是难写，老师就握着我们的手教,笔画多的字也不能超出方框。比如,"读书"两字,那时写作"讀書",容易写得很大,老师就严格要求,注意笔画间的疏密。因此,抄写是学习语文的难点,花时甚多。数学就教阿拉伯数字,学会计算就是了,比较容易。

龙老师的毛笔字写得特别好,学生每天练毛笔字。那时没有墨汁,都用墨在砚里磨出墨汁来写字。老师从怎么磨墨,怎么握笔教起,要求很严。读一年级时,老师常常"把笔"(就是手把手地教),有时也叫高年级的同学"把笔"。我们用的毛笔都是铜笔套,写好后,把笔头插在铜笔套里,保持湿润,第二天用时就不会硬掉。吴银国每天用橡皮筋把毛笔绑在课桌脚边,不带回家,第二天要用时拿出来十分方便。

学生犯了错(包括书背不出),老师就要"体罚",一般有三种形式:错误小的,老师的左手拉住你的四个手指,右手用戒尺打(戒尺是木头做的,长30到40厘米,宽7到8厘米);错误大一点的,把你的手放在桌子上打,那就更痛了;如果错误严重,那就要"立壁角"了,这是十分难堪的事。"体罚"很明确,但也是做做样子的,不见得真的打得很痛。

到三四年级时,上面派来了王纪华老师。读完四年级,学校就没有五年级了。因为吴银国的学习成绩还可以,王老师就介绍他到家附近的解放路小学读书。1956年,他小学毕业,因为家里穷,只好回家,没有上初中。

1958年,上面派来了新校长,土地庙这所学校也扩大了,办起了完小,吴银国重新读六年级。那时的六年级教材很多,除了语文、数学,还有政治、地理、历史和自然。一年后,嘉兴县统一招生,他们班不少同学参加了考试,一个被嘉兴三中录取,一个被嘉兴四中录取,吴银国和另外两个被嘉兴11中(即王江泾中学)录取。1962年,他初中毕业回家,参加生产队劳动。

教书时的那些事

1968年夏天,大队党支部书记谢阿千和一个大队干部到吴银国家来,要他做老师,而且是初中老师。一个初中毕业生怎么能教初中?他很害怕,不敢接受。后来,因为大队里初中毕业生实在没有了(和他一起初中毕业的几个同学已经有了工作),在大队干部的再三劝说下,他硬着头皮答应了。

那时,在土地庙这所学校的东南角搭了两间草棚,办起了小学附设初中班。这个班一共有学生二十多人。吴银国教语文,上面派来的大学毕业生狄长儒教数学和其他课。

就这样,他做起了"赤脚老师",从此走上了教书的道路,一直到2004年退休。

吴银国从小没有学拼音,虽然在五六年级和初中学习时学了一点,但不是很准确,上课基本上用土话教学。一些语文知识,就照着参考教给学生。有些讲不清楚的内容,他就问一下狄老师。

第二学期,上面又派来了一位新老师,她教初中语文。吴银国就教小学数学。因为他从小学到初中,一直喜欢数学,成绩也比较好,所以一直到退休,都是数学老师。

1970年,大队在现秀洲区实验小学的区域建造了两排平房,中间是一个大操场,取名"红旗学校"(因为那时他们村叫红旗大队)。全校有八个教室,两个办公室。土地庙那所学校完成了历史使命,被拆除了。所有的小学和初中学生都到新学校读书。全校共有小学五个班,初中两个班,学生二百多人,九位老师。

过了两年,初中毕业生上高中成了问题。那时,原嘉北人民公社的红光大队(后改殷秀村)、红旗大队(后改和殷村)、红卫大队(后改三塔村)、红星大队(后改洪兴村)的四个大队合并成一个大队,取名"曙光大队"。曙光大队在原和殷村常住桥(现京都景苑)那个区域造了几间平房,开办了"曙光中学"。曙光大队(即四个村)的初中毕业生就都能读高中了。新派来的吴汝为老师教语文,原来学校的顾浙民等几个老师到那儿去教其他科目。由于各种原因,这个高中班一年后转到塘汇中学去了。

红旗学校时间很长,一直到1993年被拆除。中途,初中学生并入嘉北中学,但是又办起了两个预备班(学前教育),学校一直有二百左右学生,九个老师。改革开放后,红旗大队改名为和殷村,学校名称也改为"和殷小学"。

随着出生率的降低,学生逐步减少,还有这座学校的校舍已经成了危房。1992年在现秀洲区行政中心广场那个区域(洪兴西路北)建造了一座学校。原殷秀小学并入这个学校。因为这座学校由殷秀小学与和殷小学合并而成,因此,取殷秀的"秀",和殷的"和"两个字,称"秀和小学"。

这座学校是二层楼房,共20间,八个教室,一个办公室,还有一间食堂;楼房前是一个大操场,围好了围墙,靠洪兴西路北还有一间门房,有人值班。全校有小学六个班,预备班两个班,共学生二百多个,11个老师。

2000年,秀洲区行政中心开始建造,学校就得搬家,于是在大润发北建起了新校舍。秀和小学于2000年上半年搬入新校舍。当时,还只有前面的一排教学楼,操场已经建好。秀和小学仍由嘉北中心小学管理。吴银国也在这所学校退休,走完了教书之路。

2003年4月,秀洲区人民政府批准挂牌建立"秀洲实验小学"。秀和小学也完成了历史使命。

(周振明)

办好广播 服务乡民
——陶文田见证广播事业

陶文田是原嘉北乡义庄村村民,1939年出生。1967年以前他是嘉北公社电话总机接线员,成立公社广播站时,做了人民公社广播站站长。当时广播站还有二位同志 一位是报道员王士强,另一位广播员姚孟华。

1965年9月6日至15日,"人民广播事业创建20周年纪念大会"在北京召开,12月9日的《人民日报》发表了毛泽东主席的题词:"努力办好广播为全中国人民和全世界人民服务。"毛主席为人民广播事业的题词,为我国广播事业的发展指明了方向,全国各地都迅速落实毛主席的指示,先后办起了广播站。嘉北人民公社就在这样的背景下成立的。当时,全公社有16个大队,方圆几十平方千米,几万人口。管理事务多,工农商学兵,农林牧副渔,什么都有,需要一个服务面广,速度很快,鼓动性强的工具来组织生产,指挥工作,而广播站恰好具备了这些特点。

嘉北人民公社广播室设在原公社总机室,另外还有一间办公室,都在公社大院内。当时公社设在顾家浜大队(后改为人民大队,现在昌盛花园B区)。

开始时,各大队只有安装一只高音喇叭,公社广播站把县广播站的信号通过转播机放大到各大队。公社社员从高音喇叭里了解天下大事、国家大事和当地的事。因为广播线利用邮电局的电话线,所以广播开始,电话就不通了。要打电话,必须等广播结束。

后来,广播事业很快发展,广播线和电话线分设,大多用毛竹做线杆,有些甚至是农家的杜竹,把广播线通到了千家万户,家家户户都安装了小喇叭。因为线路太差了,每个大队有一个线务员,经常维修线路,有时也集中维修。

小喇叭的形状像碗口大的黑纸盒子,底部有一块金黄色的圆形铁罩,里面是一块黑色磁石,旁边有一个铜线圈。"碗"是用牛皮纸糊的,"碗"里有短短的细针尖,用手一拨,会和牛皮纸撞击,发出"嘭、嘭"的声音。小喇叭背后的一根线接广播线,一根线接地线,插入地下。如果地面很干,小喇叭就没声音了,人们就得往地线插入处浇一点水,小喇叭就响了。

在政治高于一切,大于一切,重于一切的年代,公社广播站是重要的宣传舆论阵地。他们不但要按时转播嘉兴县、浙江省以及中央台的节目,还要在转播前播半小时自办节目。自办节目的内容是公社的通知,公社党委、革命委员会、生产指挥部领导的讲话,好人好事,天气预报,还经常播放革命样板戏,革命歌曲。广播站每次广播开始播放《东方红》歌曲,接下来是敬祝伟大领袖毛主席万寿无疆,敬祝……永远健康,然后针对性地学习一段毛主席语录后,节目的内容才正式开始。每次广播结束播放《大海航行靠舵手》。《东方红》和《大海航行靠舵手》这两首歌曲是当时农村人人会唱的歌曲。

记得有一个大年夜,陶文田安排了陶家桥大队的一个老干部忆苦思甜。当时,忆苦思甜是一种很流行的教育方法,教育人们不忘阶级苦,永远跟党走。在大年夜人们大吃大喝的时候,广播里播放着中华人民共和国成立前怎么苦,形成了鲜明的对比。在当时起了很大的教育作用,全公社反响很大,公社党委也为此嘉奖了广播站。

(周振明)

算盘做伴　为民当家

——沈掌观谈收益和分配

　　沈掌观，出生于1937年，原嘉北乡义庄村村民。1961年起，担任嘉北公社义庄大队第二生产队会计，1971年任义庄大队会计，一直到1998年退休。

　　1958年人民公社成立初期，取消了自留地，压缩了家庭副业，挫伤了农民生产积极性，再加上三年自然灾害，影响了农村生产力的发展，粮食减产，农民连饭也吃不饱。1962年9月，中共中央发出的《农村人民公社工作条例修正草案》（即六十条）以后，人民公社实行了"三级所有，队为基础"的制度，恢复和扩大了自留地和家庭副业，农业生产得到了恢复，农民的生活逐步改善。

　　沈掌观所在的生产队有二十多户，二百多亩土地，全队除了他就没有识字的人。生产队成为一个核算单位，就得有一个会计，理所当然是他了。

　　当时，生产队设队长，管理全面工作，根据公社、大队的安排，组织指挥农业生产，还有几名副队长，还有妇女队长等，协助队长工作。另外就是财物方面的管理人员，一般由会计、经济保管员、实物保管员、记工员等几个人。

　　生产队建立"三账四簿二表"：记工员登记《社员劳动工分登记簿》；实

物保管员登记《粮食物资登记簿》；经济保管员登记《现金登记账》；会计就要建立《现金流水账》《固定资产登记簿》《现金分类账》《粮食出入库登记簿》，还要填好《现金月平衡表》和《预、决算申请表》。要求做到"账账相符，账簿相符，账表相符"。

当时生产队的队长、会计等人员都和社员一起参加劳动，没有办公室，如果开会就在生产队的仓库里。每天傍晚收工前，生产队的记工员把当天社员的出工情况记下来。一般男劳力记10分，女劳力记8分。老、弱等不足满分的社员，生产队社员大会都根据身体情况经过讨论评定记多少分。这样的社员大会半年或一年开一次，因为有些老人年纪大了，劳力弱了，要降低工分，有些小孩年纪大起来，劳力强了，要提高工分，大会上往往争论很大，因为当时人们的生存靠的就是工分。记工员要每天记录《劳动工分登记簿》，会计根据这个登记簿，按月计算每个社员的总工分，每户的总工分。

有些工分由会计直接计算，比方，当时社员家庭的猪羊灰（厩肥）按数量记工分，每百斤8—10分。一般在春、夏、秋粮收割后，猪羊灰要挑到田里作基肥。生产队就派几个社员挨家挨户去挑。这几个人要带一杆大秤，用三根毛竹搭成一个三脚支撑。大秤挂在三脚支撑交叉处，每一担猪羊灰都要称一下并记下来。所以挑猪羊灰时要有记工员或会计去称。挑完一户，就产生一张记账单，比如社员张三家挑出35担猪羊灰，共6000斤。会计就要根据这个数，给张三户记600个工分。有些年，有些劳动按数量记工分，记工员只记下数量，工分数要会计计算，比如：六个人一只稻桶掼稻（人工脱粒），两个男劳力掼稻，四个女劳力割稻，一天掼下稻谷1000斤，每掼一担（200斤左右）挑到仓库场上，由实物保管员称。记工员把数量和姓名交给会计，会计就按规定，每百斤稻谷得10分，共100分，男劳力每人20分，女劳力每人15分。上面提到的挑猪羊灰社员的劳动工分也按数量计算，即一天一共挑几万斤，共多少分，然后平均分给每个挑灰的人。这个办法在公社化后期比较多用，体现按劳分配的原则，可以调动社员的劳动积极性。

　　工分是社员的生命线,每个社员都非常关心。会计每月公布一次,贴在生产队仓库的墙上。社员平时也要问工分的情况,会计每天和社员在一起,都能仔细地回答。

　　生产队会计没有办公室,要算账就在自己家里。《现金分类账》按《现金流水账》分类登记,反映生产队的收支情况。收入类比较单一,以粮食为主。春粮收入有大麦、小麦、蚕豆、油菜籽和蚕茧;夏粮收入有早稻;秋粮收入有晚稻、黄豆等。收入记账根据出售的发票。支出账当然也根据发票,主要是农业成本,包括农具、种子、肥料、农药等。

　　在夏粮(早稻)出售后,加上春粮出售后的收入,扣除农业成本的开支,生产队有了当年积余。会计就要编制预算方案,给社员预支现金。

　　编制预算方案比年终决算方案简单,就是把上半年的积余数,留存一些开支后,按每户社员的已经得到的总工分数分配,如果有借款也要扣除。当然,会计编制的预算方案要报大队审批后才能预支。

打谷场

年终分红,会计要编制决算方案,这就复杂了。

会计在编制决算方案前要做好以下工作:

一、编制好全年每户社员总工分表,这是分配的依据。

二、编制粮食分配方案。粮食分配先要处理好三者关系,即国家、集体和社员的关系。

1.国家:交清公粮,就是农业税,还有国家任务,就是统购粮(当时粮食实行统购统销政策,任何单位或个人不得经销)。

2.集体:留足种子,按规定留存储备粮,按需要留存饲料粮(供生产队畜牧场,公社化后期大多没有集体畜牧场)。

3.个人:按规定留足社员的口粮,兑现奖励粮。

到了年终,每个生产队都完成了公粮和国家任务的交售,晚稻收获后就开始碾米分口粮了,所以仓库里的粮食已经不是很多了。生产队就要组织劳力"盘仓",即把所有的粮食称一下,知道了最终还有多少粮食。这样就可以编制粮食分配方案了。

社员的口粮有规定,当时叫"老三定"。每人每年男劳力650斤稻谷,女劳力600斤,老人500斤,小孩按年龄档次计算,从150斤到480斤不等。这个数量歉收年也要保证。接下来是畜牧业奖励粮,有很多项目:猪羊灰奖励粮,每百斤奖励粮食2—3斤;按出售猪的头数奖励,每头100斤;按出售猪的白肉奖励,每斤白肉1斤(一般一头猪估白肉72斤以上);还有化肥票奖励粮(当时社员卖掉猪,国家奖励化肥票。社员把化肥票交给生产队,队里就奖励粮食)。上述奖励粮在歉收年就要打折扣,丰收年全部兑现。如果还有多余,就要卖余粮。余粮的价格比国家任务粮高,社员的分红就可以增加了。

会计根据上述规定,就能计算出每户社员一年能分到多少粮食。按照当时粮食的价格计算出每户社员应扣粮食款多少元。这个粮食方案还要反映出每户社员在春粮、早稻以及晚稻已经拿到的粮食数量,还有多少未拿(社员的口粮以晚稻米为主,也吃一点早稻米。有些社员也拿一些大小麦和早稻谷作饲料)。那么,整个生产队每户未拿的粮食总数等于仓库里的粮食总数(都指稻谷)。这些粮食在大部分社员的口粮快吃完的时候分批碾米分给社员。

三、会计要把一年来社员已经分到的实物的数量及价格进行汇总,把每户社员已经拿到的实物换算成金额。当时,社员从生产队分到的实物主要是稻草,还有油菜梗、大小麦秆、黄豆秆、桑条(桑树的枝条)等。现代人把这些当成废物而且难以处理,当年却是人们生存的必需品。因为当时没有煤气,就连煤球也是城市居民的专用品。农民要烧饭炒菜,只有靠这些柴火。猪羊灰也是靠稻草垫在猪羊圈里让猪羊踩出来的。当时农民养猪,在猪舍内挖一个十多个平方米,约1米左右深的坑,坑周围拦好猪栏。小猪抓来,就放在这个坑里,当然要垫上稻草,否则猪容易冻坏。猪不断拉屎,稻草湿了再垫下去,猪不断长大,拉屎也越来越多,稻草也越垫越多。这个坑里的稻草被猪踩烂了,夹杂着猪屎,成为非常好的有机肥料。这,农民就叫作"猪灰"。如果养的是羊,那就叫"羊灰"。由于不断地垫稻草,这个坑慢慢地满起来,和地面平了,那就要把猪羊灰挑到田里去,否则,那围好的猪栏拦不住猪,要逃出去。因为那时化肥厂少,生产的化肥远远满足不了农业生产的需要,所以有机肥料成为当时最主要的增产要素,必须给予粮食奖励,鼓励社员发展畜牧业。当时粮食紧张,农民就千方百计地多搞点猪羊灰,多奖点粮食,所以稻草也就成为极其宝贵的物资。农民为了解决"烧"的问题,用鸡、鸭蛋到街上换煤球票,想办法到小西门粮食加工厂开后门买砻糠,到王江泾以北的大荡里挖泥煤等来烧饭炒菜。稻、麦等作物收获后有了柴草,会计马上按工分或人头分给社员,大多直接在田头分掉。另外还有些实物,比如,生产队养猪的时候,"双抢"(夏收夏种)结束,生产队杀一头猪或过春节时杀一头猪,分给社员,有时也分一些蔬菜什么的。所有这些都有账,会计要把这些实物换算成金额,计算出每户社员已经拿到的实物金额。

会计在做好以上准备后就可以编制年终决算方案了。

会计先算出生产队全年的收入（包括实物换算的金额），扣除农业成本，扣除农业税（农业税大约二十多元一亩，在交公粮的时候扣除了）。再扣除公积金、公益金（税后收入的 5%—10%）大队管理费（1%—2%），余下部分就可以分红了。

可分配总金额除以全队总劳动日数，就是每个劳动日（10分）的报酬，然后算出每户社员的总收入，扣除粮食款、实物款、历年欠款、当年借款，就得到当年分红款。

会计编制的决算方案经过社员大会通过以后上报生产大队审核，经人民公社批准后，就可以正式分红了。

大队审核要严把"三关"：一是收入是否全部入账；二是各类支出是否合理，是否真实，是否超出支出比例；三是国家、集体、个人三者关系是否安排好。公社根据大队的审核结果批准就是了。

分红是当时农民一年到头最高兴的时刻。干了一年，终于可以拿到钱了。过年也快到了，有了钱就可以买点吃的、穿的、用的，快快乐乐过个春节。社员们来到生产队仓库，等生产队会计和经济保管员来分红。因为早已公布了决算方案，谁都知道有多少钱好拿，谁也不急。但也有社员没有来，因为他家"倒挂"。

这是怎么一回事呢？

"倒挂"就是社员干了一年，不但没有从生产队分到钱，反而欠了生产队许多钱。是什么原因造成"倒挂"的呢？

1.家庭人口多，劳力少，造成"倒挂"。比如，张姓社员全家七人，只有夫妻两个劳动力，父母年龄已经很大，不能参加生产队劳动，还有三个孩子。两个劳动力一年得工分7000分（包括猪羊灰奖励工分）合700个劳动日，每个劳动日值0.75元，该户应得525元。全家口粮和奖励粮共4500斤，平均每斤0.11元，粮食款共495元。加上已分得的实物款125元，当年借款30元，该户当年已经支取650元，"倒挂"125元。这样的家庭是真正的困难户，历年"倒挂"，一直要到小孩长大，劳动力多了，才能还清生产队的欠款。

2.劳动力不算少,但家庭畜牧业搞得好,猪羊灰多,出售的猪多,奖励粮特别多,造成"倒挂"。比如,王姓社员,全家五人,两个劳动力,三个小孩。他家一年总工分8000分(包括猪羊灰奖励工分)合800个劳动日,每个劳动日0.75元,该户应得600元。因为该户猪羊灰多,出售生猪5头,共得奖励粮2500多斤,加上口粮2200斤,共4700斤,平均每斤0.11元,粮食款共517元。加上已分得的实物款100元,夏粮后预支50元,该户当年已经支取667元,"倒挂"67元。这些家庭不是困难户,因为他家卖猪的收入多,由于粮食多,可以多养猪,形成良性循环。这样"倒挂"的社员,有些还主动还清当年的欠款。

3.天灾人祸造成。社员家发生一些特殊情况,向生产队借钱,借粮,分红时就"倒挂"了。这种欠款,时间长了,生产队也会免去。

从以上分析可以看出:"倒挂"的现象不能简单地说公社时期,农民一年干到头,反而欠了钱,到了不可思议的地步,只不过是一种当时政策造成的现象而已。

沈掌观做了10年生产队会计,得到社员的信任,就做了大队会计。大队会计的一项重要工作就是指导生产队会计的工作,把公社、大队每年新的政策,新的要求贯彻到生产队去,搞好全大队八个生产队每年的收益分配。另外就是记好大队的各项收支账。

当年大队有以下几项账要会计做好:

1.大队合作医疗的账。药品进出登记,反映收支结余情况。

2.大队兽医站的账。因为当时家家户户养猪,大队有一名兽医,为本村的猪羊看病,进出的药品都要记账。

3.大队粮食加工厂的账。当时的每个大队都有一个粮食加工厂,为生产队碾米。加工厂碾米,生产队要付加工费,大队就有收入,会计就要记账。

4.各生产队每年上交的管理费是大队的主要收入,用于大队的各项开支,要记好分类账。

5. 记好大队干部、工作人员的误工费。大队长、大队会计的报酬是按年计算的，每年获得所在的生产队同等劳动力的总工分，参加所在生产队同等分值分红；还有很多干部，如大队农业技术员，植保员，灭螺员等都是"实误实补"，即为大队做几天事，就记几天误工。大队会计撕误工票到所在生产队记工；还有赤脚医生、赤脚老师、兽医等为大队工作的人，都是大队撕给误工票，在所在生产队记工，参加本队分红。年终，大队会计算出全大队的误工总数，按田亩分摊到各生产队，然后进行找补。比如：一个生产队已经为大队误工在分红时付出500工，而分摊到这个生产队是400工，那么就可以收入100工的分值（因为这个生产队为大队工作的人多）。反之，就要拿出钱。这个工作，大队会计应该在生产队年终决算前做好。

大队会计还有一个重要工作是查账，配合公社搞"四清"。公社管财务的领导组织人员经常查大队、生产队的账，清点现金，还搞突然袭击：称"掼丁包"。就是事前没有通知，突然来人到大队或生产队，让会计把账拿出来，经济保管员把现金和存折（丁包）带来，看一下，账面余额和现金、存款是否一致，所以谁都没有这个胆量去挪用公家的一分钱。特别在文化大革命那段时间，更不用说了，贪污公款，肯定会遭到批判斗争，戴高帽游行。在沈掌观做会计的几十年中，义庄村没有一例贪污案件。

公社化时期的农村收益分配基本上没有大的变化。十年文化大革命时期，变化更少，社员基本上靠工分过日子。因为不能搞"资本主义"，自留地就种些蔬菜、番薯等，不敢去市场卖，家庭副业也不搞。比如，养鸡也被限制。因为家门口就是生产队的田，鸡养多了就吃掉集体的稻谷，这就是破坏集体生产，发展资本主义。晚上，生产队派人查每家的鸡窝（因为白天鸡在野外，查不清只数），如果多了，就当场杀了。

文化大革命后，社员们开始在自留地上多搞点收入，适当搞一点家庭副业，除了生产队的分红，有了其他收入，社员们逐步富起来。20世纪70年代，义庄村有些人家的草棚改成了平房。那些平房是极其简陋的：砖是土窑烧的，瓦是平瓦，桁条用毛竹，椽子用自己家的竹子，但总比草棚好。

　　农村实行公社化26年,由于存在着管理过分集中,经营方式过于单一和分配上的平均主义,限制了农村生产力的发展,事实证明是一种错误的制度。1983年开始农村全部实行家庭联产承包责任制,扩大了农民自主权,调动了农民的生产积极性,促进了农业生产的发展。生产队这个组织不需要了,变成了小组,大队变成了村,公社变成了乡,那种收益分配的方法自然结束了。但沈掌观还是村里的会计,账还是要记的,但不用管那些"预决算方案"了。

（周振明）

孤儿成长　酸甜苦辣

——陈爱明忆当年

上 农 校

陈爱民,1944年出生于义庄村,九岁那年,父母死了,成了孤儿,是奶奶、叔叔等许多长辈把他养大的。10岁上学读书,可只读了一年半,就不上学了,在家放羊。人民公社成立后,他为生产队放牛。叔叔看他人长得小,放牛实在吃力,和奶奶商量后,让他上了农校。这农校的校长叫张继昌,班主任叫宋桂妹。学校是嘉兴县里办的,刚开始设在嘉北公社的大院里。开学以后让他们捡早稻种,到蚕种场劳动,当然也上文化课、蚕桑技术课。学校组织他们到蚕种场观察蚕从吃大叶到做茧子的全过程,学习养蚕技术。他们到过青浦蚕种场,王店蚕种场,到处实地学习。一年后,学校在当时双桥乡陈家村新建新校舍,他们经常去劳动,做一些力所能及的活,如搬砖、拎泥桶等。后来,他们到新校舍读书。陈爱民的蚕桑专业毕业证书是在那里得到的。

不知什么原因,在新校舍读了不到一个月,学校又突然搬到王店。学校在火车站旁边,晚上也有火车开过,经常睡不好觉。王店蚕种场的规模是比较大的,给他们提供了良好的实习场所。可是,1960年8月10日,党中央发出了《关于全党动手，大办农业，大办粮食》的指示；8月20日，中共中央又发出《关于坚决地认真地清理劳动力，加强农业生产第一线的紧急指示》，把压缩基本建设战线，认真清理劳动力，加强农业第一线，作为保证农业生产的措施。指示要求，16岁以上的农业人口，一律参加农业劳动。陈爱民正好16岁，就回家参加农业生产了。

家里办了大食堂

父母留给陈爱民两间平房（一间还带有厢房），还有两间猪舍。1958年"大跃进"时，他在外读书，房子空置着，生产队就决定在他的房子里办大食堂。

陈爱民家带厢房的一间的中间有一堵墙，生产队派人拆了，前后打通，有十多米长。他们在这里打了一座"老虎灶"。"老虎灶"的灶口很大，有1米多宽，人们用畚斗把砻糠送进灶肚。灶肚很深，有3米多长，灶肚下面装铁棱，砻糠烧成的灶灰可以漏到下面，还可以大量地吸入空气。灶面安两口大锅（直径在1米以上），最后面是一个大烟囱，像老虎的尾巴，从屋里穿到屋外。烧饭的时候会发出"呼呼"的声音，更像老虎。老虎灶烧饭火力大，速度快。当时大食堂都用蒸桶蒸饭，两口大锅同时蒸。饭蒸熟了，倒在大缸里，盖好，反复几次，饭够了就炒菜。

东面的一间做办公室。因为这个食堂有二百多人吃饭，生产队就在他家的东面造了一个大草棚，供大家吃饭，相当于当今的"餐厅"。

那时候，"大跃进"成了主旋律，人民公社，"一大二公"实行全民所有制，向共产主义过渡。所以人们都集中到几户人家居住，把自己的草棚拆了，灶扒倒了。原先家里养的羊（养不起猪）也都赶到生产队里一起饲养。所以，那个时候"私"已经一点都没有了，没有地，没有房，没有灶，没有米，连吃饭的桌子、凳子，也都搬到大草棚里了。"吃饭不要钱，老少尽开颜。劳动更积极，幸福万万年。"就是当时大食堂时期情况的写照。

开始的时候，生产队自己有米，后来米没有了，只知道是外面装进来的。反正"吃饭不要钱",谁也不管有没有米,只要吃了饭去劳动,时间到了吃饭。就这样,吃了一年多,粮食紧张了,食堂开始吃粥了。三年自然灾害更加重了粮食的紧张,大食堂改成了中食堂。1960年,党中央发出了12条,指出"一平二调"的共产风严重破坏了生产力,必须坚决反对,彻底纠正。于是,食堂解散了。

猪羊是不能杀的

农民自己养的猪羊,按理说,应该可以卖,也可以杀掉自己吃。可在那个年代,是不能自己杀的,一定要卖给国家。

早在1958年上半年,陈爱民的奶奶养了一头猪,那时的粮食也已十分紧张,人都吃不饱,到下半年,猪饿死了。我们想杀了自己吃。可是,那时什么都要卖给国家。"一个鸡蛋看方向",就是说卖给国家,就是走社会主义道路;自己吃掉,就是走资本主义道路。这是方向性问题。供销社收购鸡,也直接到农户家收购,人称"摸鸡棚"。他们还没有动手杀猪,就被当时高级社里的人知道,派民兵来了。"这猪是怎么死的,是不是你们弄死的? 要查一下。"他们让我们把猪抬到社里(当时社部在亭子桥)。奶奶只好让陈爱民叫一个人抬去。后来也不知道查到什么,听说社里把这头猪送到红旗塘慰劳民工去了。

大食堂解散后,原来交到生产队的羊也要牵回来自己养。奶奶也有一只羊牵了回来。大食堂刚解散时,社员的口粮非常紧张,如果吃点羊肉,就太好了。可是,怎么敢杀羊呢?

一天晚上,陈爱民的姑父来他家。姑父胆子大,会杀猪,想把羊杀了。可奶奶坚决不同意,如果被大队知道了,吃不了羊肉还要吃"官司"。还有前几年想吃死猪肉也没吃到,怎么能杀活羊呢? 最后,姑父想了一个办法,他把羊带回家去杀,杀好拿来。姑父家在双桥,管得宽些。奶奶说:"羊没有了,人家会查的。"姑父就让奶奶明天一早去告诉别人说,羊被偷走了。当夜,姑父把羊嘴包住,偷偷地把羊牵走了。第二天早晨,奶奶装出很痛苦的样子大喊:"羊被偷走了!"总算没有被人发现。后来,姑父又偷偷地拿来羊肉。一家人胆战心惊地吃羊肉,每次吃好,要好好地嗽嗽口,怕被人家闻出来。

1961年,养了三头猪

1960年,陈爱民读书回来后,就在生产队劳动。当时鼓励大家养猪。1961年上半年,他叔叔听到公社畜牧场有小猪,就去买,可是畜牧场的小猪不卖,要用枯草换。叔叔就和陈爱民两人摇一条船,到处去收,结果收了半船枯草,换来了两只小猪。叔叔一只,他一只。不久,生产队卖掉一条黄牛,得了800元钱。为了鼓励养猪,这些钱借给社员买小猪,每户40元。叔叔看陈爱民一个人,比较困难,他家40元买来的猪让陈爱民养。这样,陈爱民一下子又养了两只猪,一共三只。

现在养猪吃的饲料很好,买来的小猪四五十斤,三个月长到二百多斤,那时买来的小猪四五斤,没有饲料,就靠吃草,长得很慢很慢。到这年年底,生产队有任务,一定要卖一头猪给国家,就看中他养的猪。他只好把最大的一头卖了。这头猪重63斤,得到人民币三十多元(不够买小猪的钱),三条香烟,四斤肉票。当时香烟凭票供应,非常宝贵;肉票也宝贵,叔叔的小姨结婚,要送一对蹄髈,正好用四斤肉票买的,那时是非常客气的了。还有两头猪就一直养着。1963年春,两头猪都一百多斤了,一头猪卖给国家,还有一头猪在他结婚时杀了(这时已经可以杀猪了)。这两头猪虚岁三岁,足龄两周岁。

(周振明)

情系驾驶　终生为豪
——鲍建华学习汽车驾驶的经历

　　鲍建华，1939年出生于嘉北的楼房大队（今属新城街道的木桥港村）。1958年，在大办钢铁的运动中，农村中有许多人被抽调到厂矿单位。作为其中之一员，鲍建华被分配在嘉兴冶金厂的供销科工作。

　　供销科科长叫陶希，把鲍建华安排在运输班。就是这一次进入运输班的机遇，使得他在20世纪60年代初就成为一名汽车驾驶员。当时汽车是稀罕之物。除客运部门有少量汽车外，一般单位是没有汽车的。就嘉兴地方而言，冶金厂有二辆：一辆是长春汽车制造厂出的解放牌卡车，另一辆是上海三卡（三个轮子）；民丰造纸村厂有一辆绷着帆布的中吉普。其他单位都没有，嘉兴县政府也没有使用汽车。由车而联想到人，那时你会开汽车，人们就会投来难以置信或者说不可思议的眼光。即使到后来的20世纪70年代初期，嘉北金鱼桥村有位解放军战士小郭回家探亲，乡亲们听说他在部队里是开汽车的，都来看望，好奇地问这问那。临别的时候，小郭走了有两条田塍那么长的路，大家还目不转睛地看着。可见那时会开汽车是有多么的神秘。

嘉兴专区汽车驾驶员培训班

1960年,冶金厂要培养汽车驾驶员,抽调五位同志前去培训,鲍建华有幸被选中。其他四位分别是:运输班的朱耀林(家住嘉北沈家桥村,今属王江泾镇);炉料仓库的周阿掌(家住新农公社蒋家浜村,今属新城街道九里村);厂部通讯员孟立春(家住嘉兴东门,为城里人);还有一名从学校里来到冶金厂工作的学生潘金良(家住嘉北陶家桥村,今嘉北街道阳光社区)。

汽车驾驶员培训班总部设在安吉县城递铺镇东北的晓墅镇。鲍建华一行五人,于1960年的10月份,搭乘长途汽车出发,先到湖州过夜。这个路程,现在来说费不了几个小时就到了,可那时交通不发达,长途汽车班次相当少,必须在第二天从湖州再转车到达晓墅镇。

一到目的地,持冶金厂所开具的介绍信,在培训办公室办理了报到等手续。培训具体地点设在晓墅镇的第一铁矿区。那边的同志给他们安排了住宿。倒亦有趣,寄宿的屋子,因材置舍,体现了浓重的地方特色:无论是屋顶、墙壁,还是门窗等等,一概用芦篷做成,里面没有隔墙,整体连通,可容纳许多人居住。这原先是为开矿工人居住而建的。这次一共八位学员,三位是浙江地质大队派过来的,分别为柴家成、戴仙弟,另一位记不清了。打着地铺,大家住在一起,吃饭到食堂。刚来的一个月时间,差不多每天有人带着他们上山开垦土地、种植蔬菜。因为食堂里供应的蔬菜是不到外面去采购,基本靠自己生产。

晓墅镇的汽车培训班,整个嘉兴地区仅此一家。它的全称为“嘉兴专区汽车驾驶员培训班”,由浙江省第一运输公司办的。已经开班六期,这次是第七期了。按时间推算,已经开办好几年,应该是中华人民共和国成立不久就开始了。据说到此为止,这是最后的一期,以后就不开设了。

过了一个月左右,正式培训开始了。先是上理论课,分《交通规则》和《机械常识》两部分。授课的是一位姓殷的年轻教员,他的声音不高不低,讲得很清楚,通俗易懂。教室里有一辆全部拆开的汽车,好像医学院上解剖课的人体实物标本,一个一个部件由殷教员详细指点解释(如此的教学方式,现在倒是没有),使得学员们一般都能领悟。殷教员是"上八府"人,一家都住在矿区,他有两个(约四至六岁)的孩子。理论学习用时一个多月结束,接着便是进行驾驶技术培训了。

培训用的汽车有两种:"大道奇"和"雪佛莱"。由于缺少原油,以烧木炭产生动力。把木炭放进"煤气发生炉",该炉为圆形,直径约50厘米,高约150厘米。把木炭放进炉中(30市斤左右),上留约40厘米的空隙。拿纱布蘸着油料点火,用手摇鼓风机煽风,跟老百姓生煤炉的原理一样,使木炭旺燃而生发气体。气体通过风门阀输入管道,经过初滤器、细滤器后产生功能。风门阀起着调节作用,若开得大,空气多,则发生的功力小而不济事;开得小,煤气多了就会"闷死"。因此要把风门调节得"啪"一点火煤气即燃为适度。这个过程要五十来分钟。学员们吃罢早饭就是赶紧"点炉"。木炭为安吉本地大溪山所产。

教练有赵阿德、陈志根等,他们带着学员在路上学习驾驶技术。由于要节省电量,故意把启动马达拆下,汽车由人力推着发动。七八个学员合力推着汽车,待发动后跳上车子。大家轮流学握方向盘,每个人开一公里左右。在学习驾驶的过程中,同去的潘金良体检合格应征入伍去了。由于鲍建华对汽车驾驶技术非常感兴趣,因此学得特别认真,故成绩相对突出,陈志根教练就提前叫他到场地上进行训练,如90度快速转弯和三竿倒桩等高难度技巧动作。

经过半年多的时间,培训结束,接着学员们去往湖州的"嘉兴专区车辆管理所"进行考试,由该所人员监考,非常严格。理论考全是问答题。记得有一道题例:问"方向盘由哪些部件组成"?答案应该是:"方向盘、转向轴、转向直拉钩、转向横拉钩、球节、窝轮丝杆。"桩考、路考的汽车都是培训班开过去的。成绩合格方可取得证照。嘉兴的学员唯周阿掌一人未能通过考试留下了遗憾。考试结束,两地的学员互道珍重依依握别,并预后会有期。

1961年的9月份,大家返回原单位。刚到冶金厂,供销科领导就让鲍建华开上海三卡汽车。于是他天天手握方向盘,脚踩油门,驾驶着汽车东奔西跑,为厂里运输各种物资。他对汽车有着难以割舍的情结,为自己能够有这份以汽车做伴的工作而洋洋得意。然而,好景不长,1962年的4月份,有关精简人员的政策传达下来,尽管鲍建华会开汽车,况且当时掌握这门技术的人少之又少,但总归是从农村来的,不得不回乡务农。离开心爱的汽车,实在是恋恋不舍啊!然而无可奈何。就这样,他耕耘于农田,唯有在梦中操握一回方向盘。

第二次取得汽车驾驶证照

1972年,嘉北公社办起了炼焦厂(不久建窑改办石灰厂),地址在三塔血印寺边上。厂里购置了一辆手扶拖拉机,需要人员驾驶。厂长赵福根,与鲍建华是同村人,知道他会开汽车,就将他聘到厂里开拖拉机。开拖拉机也要取得相应的证照,鲍建华就把原来的汽车驾驶证照去主管部门换成了拖拉机驾驶证照。不久厂里又购置了大型拖拉机让他开。他和张再新、褚法根、王吉弟四人开着两辆大型拖拉机,到德清县武康镇去为厂里运石煤。因为那时烧窑需要的烟煤供应极度紧张,没办法,只得去弄些热量较差的石煤。经过十几公里颠簸的路程,把石煤运到河边码头,这边厂里会安排船队过来装运。后来厂里要他们去安吉运输黄沙,也跟运煤一样,把黄沙运到河边码头。开拖拉机的感觉跟开汽车是不可同日而语,他时常想着什么时候再能开汽车,那才叫带劲呢!

运输黄沙的地方正好是安吉递铺镇。鲍建华偶然碰到了1960年同一个汽车培训班的学员戴仙弟。平时没有联系,今天见面,这个惊喜来得太突然了,真个是应验当年分别时"后会有期"那句话。两人双手紧握,四目对视。良久,坐下叙述阔别之情。得知戴仙弟因家庭的关系,已从省地质大队转调到递铺镇汽车运输公司工作。公司的客车在这里"抛锚"(出了故障),他带着人员过来修理,正好与鲍建华不期而遇,真可谓"无巧不成书"也。

1979年，石灰厂从嘉兴物资局购得一辆二手汽车，是"上海130"（两吨）货车，厂里指定鲍建华驾驶。正中下怀，可不是吗？自己梦中也常常在开汽车呢！这回终于又要操握汽车方向盘，怎能叫他不激动呢！但开汽车要汽车驾驶证照，先前的该证照早已换成了拖拉机驾驶证照，按规定还得重新考试。当时还没有汽车培训中心这样的部门，怎么办呢？鲍建华想到了工作过的嘉兴冶金厂。于是跑到厂里，找到了原来的供销科长陶希，这时陶希已经升任厂长了。鲍建华在他的办公室如此这般地说明了情况，并请求给予帮助。陶希厂长一口答应，随即安排他跟在王新德师傅的车上温习。两个月后，派王新德师傅开车将他直接送往湖州，到湖州市车辆管理所（即二十年前考试取证的"嘉兴专区车辆管理所"）进行考试。《交通规则》《机械常识》两门理论课免考，只是路考。这对鲍建华来说，还不是轻车熟路。所以毫不费力地通过考试这关，顺利地取得了汽车驾驶证照（B级，可开大型货车）。这回是相隔近二十年第二次取得汽车驾驶证照。感慨之余，他由衷地感谢陶希厂长和王新德师傅的支持和帮助。

20世纪90年代，鲍建华被转调到嘉北民政石化厂。经消防知识培训并考试合格，担任了化学危险物品运输的汽车驾驶员。他开着汽车跑了无数地方，直至退休。干着自己理想工作，同时饱览祖国的大好河山，驾驶汽车给了他的人生莫大的欣慰与快乐，至今仍引以为豪。

（赵忠良）

机场扩建　移居嘉北

——项金宝的第一次拆迁

项金宝出生于1933年,居住在嘉北乡(街道)木桥港村十组。世居原在南湖乡天带桥村,就是举世闻名的马家浜文化遗址的北端,当时归属王店区蚂桥乡。

2010年,木桥港村全面开发,农户全部拆迁,大家都经历了一番忙碌的拆迁过程。对项金宝来说,这是人生经历的第二次拆迁。他从天带桥村落户到木桥港村,就是拆迁过来的。

1951年春季,建于民国二十三年(1934)的嘉兴机场准备扩建,涉及包括项金宝家在内的96家农户要拆迁。

机场"修建委员会"派人员登门与农户商谈拆迁事宜。总共来了六位同志,都比较年轻。机场人员有三位:一位姓黑,大家称他"黑科长";一位名叫严力群,穿着军装并佩带枪支;还有一位姓施。相关的区①派来的人员有:塘汇区的章阿狗;新丰区的陈阿土;还有一位女同志,名叫严月芬,是本地王店区的。

他们对涉及拆迁的农户交代了如下的安置原则:

---

① 1951年,嘉兴县下属7个区,分别是:王江泾、新塍、王店、新丰、新篁、凤桥、塘汇。

一、在本县范围内落户,去向由自己选择;

二、每户原有的田地数量,迁到新址后如数配足。

于是大家分头去进行考察(一般都向往田地比较充裕的地方)。有的选择去大桥方向的,有的选择去陡门方向的,有的表示仍愿留在本地。

项金宝和其他 11 户,选择了当时叫塘汇区永德村的横港廊与白老鼠桥那个地段,即后来的木桥港村十组的地方。因为该处有公田 120 亩(土改复查时被划为公田的)。

当大家分头去考察时,被考察的区里专门派人员陪同前往。塘汇区里就派一位同志陪他们同行。这边接待的是董连生同志(后来的第一任生产大队党支部书记,1984 年故世),当时他是塘汇区第十一代表区的主任。

由于农户认为拆迁的经济补偿太低以及其他原因,1951 年春季的商谈双方没有达成协议就搁置了下来。1952 年按兵不动。到 1953 年的春季,"修建委员会"(还是 1951 年的原班人),复来与农户商谈,就农户的房屋、粮食、果树、桑园、竹园等拟定了一个比较具体的补偿方案。兹述如下:

一、七路头瓦房(5 根桁条,加两边墙面各 1 根,共 7 根,称为七路,进深一般 7 米左右),每间 130—140 元;五路头(3 个桁条,加两边墙面各 1 根称为五路,进深一般 5 米左右)以及猪羊棚,减半,每间约 70 元上下。

二、农田的青苗费每亩按超过 300 斤白米计价,为 40 元。当时的白米每斤 1 角 2 分。

三、地上的桑树,每株 3 角 6 分。只要是真桑(经过嫁接)且存活的,有一株算一株。特别大的如火桑,采叶量 30—50 斤的,一株当作二株或三株计价。未经嫁接的毛桑为真桑的三分之一,每株 1 角 2 分。

四、柏子树,评估柏子产量,按两年计价,即加倍。比如,一年可采

100斤柏子的则按200斤计价（下面的竹笋,果子等亦同）。柏子（用于制蜡烛等的工业原料）当时每斤为1角。

五、竹园,不论园地大小,评估出笋量,按两年计价。当时竹笋为几何钱一斤已记不清楚了。

六、桃李果树,形成片的,评估产果量,按两年计价。零星散落的不予补偿。

七、河埠每个8元;圈养猪羊的猪栏潭每个8元。

八、耕牛、猪、羊、鸡、兔等畜禽以及杂树不予补偿,由农户自行处理。

九、如果新址的地上有桑树,那么就在原地上的桑树补偿中如数冲减。

十、补偿款分两次到位。

归纳起来,基本上就这么几个方面。项金宝父亲不认得字,关于他家的商谈事宜,都是由（读过几年书的）项金宝出面。故对当时的具体补偿额度等有着深刻的印象。补偿协议一式两份。可惜那份协议藏了好多年,今天还是找不到了。

当时的拆迁与现在的拆迁不同,即原有的房屋材料归被拆迁的户,自己安排拆除;新屋自己建造。项金宝家原有八间房屋,七路三间,五路五间,共得房屋补偿款七百多元。请人拆旧房,花费二百多元;运旧材料及建了六间房（七路三间,五路三间）,花费六百多元。所建新屋,数量比原来减少了两间,还亏空了一百多元。好在还有其他方面的一些补偿,故生活没有遇到多大的问题。

项金宝家以一条牛尾巴的份额与其他几户合养的一条耕牛,因还是"园口"（即尚未成年的意思）被别人借去耕田,过度劳累而生病,所以就以五十元钱出卖。同时把大的猪羊卖掉,小的带过来饲养。至于家具、甏罐杂件等则由王店区派人员摇船送来。农船由"修建委员会"负责调拨提供。

1953年下半年，他们五户搬到新址。前面说到不是有11户一起到这里来考察，怎么后来仅来了五户呢？原来在1952年，从江苏那边搬来几家在该处落户，造成公田数不足以安排11户了。因此，还有六户就没有过来。项金宝尚未成家，与父亲章阿弟共两人为一户。其他一起来的几户家庭成员情况：周福林户，夫妻俩，三个小孩，共五人；朱福生户，共一人；俞振官户，夫妻俩，母亲，两个小孩，共五人；俞有宝户，夫妻俩，三个小孩，共五人。

　　刚离开世居地时，年轻、兴奋，加上建房等诸事繁忙，从而淡化了项金宝的惜别之感。然而，毕竟是出生并生活了二十来个年头的故土，一草一木，一情一景，直到现在仍常入他的梦境。

　　抗日战争时期，机场被日本鬼子占领。1945年初，日本鬼子怕机场遭美国的飞机轰炸，就把飞机从机场里拉出来，隐藏在农民的地里。小时候看到过日本鬼子在他家的地上砍掉树木，铺上石子，用汽车把飞机拉过来停下。抗日战争胜利后，机场为当时国民政府接收。

晚年生活无忧无虑的项金宝

　　修建机场需要大量的石头。先是由船运来,卸于七号桥、八号桥以及九号桥(原嘉桐公路),再用汽车运至机场。后来索性从马桥火车站把铁轨铺到机场,用火车把石头运进来。开进机场的火车长约三到五节车厢。至于卸石、铺石全由人力为之,一个大滚筒,权当轧路机,由五十来号人拖牵运作。参加劳动的人很多,但没有当地民工。

　　项金宝现在享受着养老金和医疗保险,晚年生活无忧无虑,乐趣融融。

(赵忠良)

第三章

人物采撷

治学严谨　杏坛泰斗

——乡贤沈尚贤

沈尚贤,字登书,浙江嘉兴人。

清宣统元年(1909)七月,沈尚贤诞生于嘉兴火车浜的沈家大院。火车浜(或谓火叉浜),南距嘉兴城约三里,是历史自然村坊,为沈家世居之地。沈尚贤的父亲沈界侯,系沈家大房之长子(曾在当时的浙江省政府谋职),大家都亲昵地称其为"大伯"或"金伯",母亲就相应地被称为"大妈"或"金妈"。

随着城市的发展建设,火车浜的原貌早已更易。它的具体位置在今秀洲区嘉北街道阳光小区同心路南端。火车浜南北流向的外港保存完好,两岸石帮岸砌得整整齐齐,树木葱茏,绿水滢滢。嘉兴市中环西路通越此港之桥梁即名"火车浜桥"。

嘉兴是沈尚贤出生与童年成长的地方,他是从这里走出去的。凭着聪明睿智,成为我国杰出的教育家、自动控制与电子工程领域的奠基者。沈尚贤于1993年驾鹤西去,他给世人留下了宝贵的精神财富。本文记述沈尚贤的生平,让人们知道其人其事;缅怀颂扬沈尚贤爱国敬业、鞠躬尽瘁的奉献精神,以他的高风亮节激励乡人,树立风气,崇德尚学,报效国家。

胸怀壮志求学　投身教育事业

　　沈尚贤23岁（1931年）毕业于浙江大学电机系,同年留学德国,赴德国邮电部无线电台、德律风根和西门子公司实习电机工程,并进入柏林高等工业学校进修和深造。出国留学时,适逢"九一八事变"爆发,日军强占我东北,蹂躏我同胞,年轻的沈尚贤痛恨日寇的野蛮行径,拒乘票价较廉的日本轮船而乘其他轮船,在意大利的热那亚港登陆后转赴柏林。他渴望振兴中华,发展民族工业,提出"德国有西门子,我们要办中国的东门子",抒发了一个热血青年立志报国的博大胸怀和宏伟抱负。今天我国已成为全世界的制造工厂,但还缺少像西门子、飞利浦这样拥有雄厚自主知识产权的企业。随着经济和工业的腾飞,沈尚贤的"东门子"夙愿,在后人的努力下终将实现。

　　1934年沈尚贤回国,到中德合办的欧亚航空公司上海修造厂无线电部任工程师,从事维修通讯设备工作。翌年,应顾毓琇教授之召,赴北平任清华大学无线电研究所教员,从此便投身于祖国的高等教育事业。1938年,不到30岁的他即被聘为教授。当时教师奇缺,因而由他一人教授"电讯原理""无线电工程""电照明技术""电报学"等课程,并指导实验。1936年,浙大校长竺可桢先生对教授阵容、教学管理、物质建设等方面大力改革,延聘诸多名师来电机系任教。沈尚贤经电机系主任王国松教授函邀,于1939年转浙江大学任电机工程学系教授（该系成立于1920年,为浙大组建最早的科系

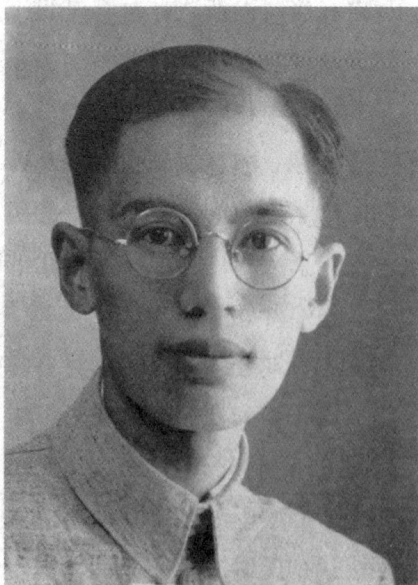

青年沈尚贤

之一,它一直是我国培养电工人才的摇篮。这应该是沈尚贤回母校任教的主要原因)。抗战时期浙大内迁贵州(分散在遵义、湄潭、永兴等三地),沈尚贤奔赴遵义(机电工程系设于该地)。这在竺可桢先生1940年—1946年的日记中多有提及。作为抗战内迁时的知名教授,沈尚贤在此期间曾为欧亚航空公司无线电工程师,中央无线电器材厂昆明厂工程师等。抗战胜利后,沈尚贤随浙大回到杭州。1946年,接受了交通大学的聘书到上海任教,并落户于徐家汇。他讲授"应用电子学""无线电试验"等课程,兼任教务处注册组主任和电讯实验室主任,为实验室的扩充和跟上当时学科的前沿做了大量工作。在交大任教的同时(1947年后)还兼任同济大学等校教授。沈尚贤先后在清华大学、浙江大学、同济大学、交通大学执掌教鞭。中华人民共和国成立前夕,他毅然决然参与护校、保护实验室的工作,留在上海迎接解放。

中华人民共和国成立后,沈尚贤更是把光热激发于三尺杏坛。除了正常的授课外,他还参与了培养新中国第一代雷达兵训练班的教学和教材编译工作。交大西迁后,沈尚贤历任西安交通大学电机工程系、无线电工程系、信息与控制工程系教授,曾兼科研部主任,并任工业电子学教研室主任,校务委员会和学术委员会委员等职。

孜孜不倦诲人　殷殷提携后辈

沈尚贤爱才心切,对后辈和学生殷殷提携。每逢青年教师试讲必亲自参加听课,然后再逐个分别辅以帮助;教学授课不是仅谈理论,而是重视实践,亲自下实验室指导;对新事物和新技术的进展十分敏感和关心,不墨守成规。沈尚贤长期从事工业电子学、自动控制理论和应用、数字系统故障诊断等方面的教学和科研工作,一直亲自主持西安交大自动控制理论和应用博士点的建设,培养出十多名博士生和硕士生以及许多真正受学生欢迎的教学名师。他炼才(培育新人)的方法,在热情鼓励的同时更是予以鞭策,用心良苦地硬是把任务压上去。当年万百五教授(沈尚贤之学生)刚刚毕业留校当青年教师时，沈尚贤点名要求把他调到工业企业电气化专业，让他担当讲授"自动调整理论"这门新课的重任（当时在苏联教学计划中有"自动调整理论"这门课）。李应谭（沈尚贤之学生）也有过被沈尚贤"赶鸭子上架"翻译文献的经历。为了帮助年轻教师能够出版英文专著，晚年患有严重白内障的沈尚贤先生，不改平素治学严谨的态度，一手拿着放大镜，一手拿着红笔，一丝不苟地修校样稿。

沈尚贤先生儒雅的风度，对教育的执着，对工作的敬业，对学生的爱心和信任，以及循循善诱的教育方法和高超的教育艺术，深深感染听过他的课和他所指导的学生，赢得了大家的尊敬。他是当年学生们最爱戴、最崇敬的老师之一。西安交大的老校友邹惠英回忆起沈尚贤，充满感慨："我印象最深的是沈尚贤老师。沈老师讲课很生动，思想很活跃，听他的课从来不觉得枯燥。"黄幼玲（后来成为西安交大教授）回忆道：记得1953年8月，她们三十几人进入交大的时候，第一个遇到的是沈尚贤，当时他正带领一班人马翻译苏联的一本有关电工原理的教科书。知道我们这帮人到来后，便要我们在暑假期间帮助他校对教科书的全部图和说明，这可把我们乐坏了。这充分显示了沈尚贤对年轻学子的信任并予以及时历练的机会。房建成（后为北京航空航天大学仪器科学与光电工程学院院长）是沈尚贤的关门弟子。他说，他在西安交大读研究生时，得到了沈尚贤老师的关怀和指导。沈尚贤严谨的治学态度和对工作精益求精的精神对他的成长起了重要作用。胡保生（曾在西安交大任教）回忆录中说：我在做苏联专家翻译时，所翻译的专家们的讲稿都是由沈尚贤老师不厌其烦地校正修改的。唐立森（1955年毕业后在当时的上海交大当助教，1957年随校西迁到西安）在访谈录中说："在工业企业自动化教研室沈尚贤、蒋大宗教授的谆谆教导下工作，我一生受益匪浅，沈先生重视教学方法，关心学生感受，经常跟学生沟通交流，询问听课后的感受，希望学生给老师提意见。从沈先生、蒋先生身上不仅学到了渊博的知识，更学到了为人师表、诲人不倦、良师益友的品质。"他还用凝练朴实的诗句咏颂了两位先生的品格精神："学术渊博,治学严谨;敢挑重担,圆满完成;培养晚辈,关爱学生;待人亲和、乐于助人。"沈尚贤"待人亲和、乐于助人"的品格,还体现在面对素昧平生的人。有一次其长公子沈雨生看到他寄一封信到重庆,收信人是一位陌生人,就问:"这人是谁呀?""我也不认识。""不认识怎么给人家写信?""人家工作中遇到了难题,写信来求教,我怎么能不帮他? 这也是为国家作贡献嘛!"像这样得到沈尚贤热情帮助的"书面弟子"到底有多少,他自己也说不清。

1960年,教育部召开全国工业电子学统编教材会议,沈尚贤任主席,他主持编写的教材入选。1963年,我国正式建立研究生制度,沈尚贤指导两名研究生完成论文工作。1978年出任教育部高等学校工科电工课程教材编审委员会主任委员。1981年,经国务院学位委员会批准,沈尚贤担任博士研究生指导老师。在他指导的研究生中多人已获得硕士学位与博士学位。

沈尚贤一生致力于自动化控制与电子技术方面的教学和研究,在学术界享有很高声誉。他早期出版的译著、撰写的教科书和发表的学术论文奠定了我国高等院校电子技术教育的基础。

鉴于沈尚贤先生这位典型的爱国知识分子,把全身心的精力执着地贡献给祖国教育事业的非凡人生,1990年,国家教委颁赠他铭石一座,上面镌刻着"老骥伏枥,志在千里;桃李不言,下自成蹊"的铭文。这是他一生精神风范的真实写照。

潜心科学研究　鞠躬尽瘁耕耘

1951年,由于国外封锁等历史原因,我国医院X光管用坏后无法补充,当时的上海医药局要求交大组织自行研制X光管。由物理系周同庆和沈尚贤两位教授领导,在电讯实验室成立研制班子。从真空泵开始到吹玻璃工艺,到研制感应加热炉,这样从头到尾摸索前进。沈尚贤在电真空方面的经验起了决定性的指导作用,最终试制X光管获得成功。1952年,沈尚贤和严畯等筹办了"工业企业电气化"专业,成立工企教研室,沈尚贤任主任,迈出了中华人民共和国成立后交通大学研究生教育的第一步。在学习并消化苏联教学计划的同时,拟定了适合我国国情的教学计划和教学大纲;带领青年教师备课;开出许多新课。

沈尚贤对新学科方向的发展十分关心,1956年曾参与起草了我国《1956—1967年科学技术发展远景规划纲要》,并直接参加了自动化规划的制定。中国科学院借调他的期间,安排其赴苏联和捷克斯洛伐克考察自动化领域的科研机构、高等学院和有关工厂。回国后在清华大学举办"生产过程自动化进修班"。同时,还与国内一流的专家一起,参加中国科学院自动化研究所以及中国自动化学会的筹建工作。自动化研究所筹备委员会主任委员由钱伟长担任,沈尚贤则是副主任委员之一;中国自动化学会是我国最早成立的国家一级学术群众团体之一,在自动化事业的元老钱学森、沈尚贤、钟士模、陆元九、郎世俊等人倡议下,于1961年正式成立。其筹委会常委会由钱学森、屠善澄、朱淇昌、朱良漪、沈尚贤、郎世俊、陆元九、钟士模和杨嘉墀等九人组成,钱学森被推选为第一届理事长。

1958年沈尚贤提议在交大建立工业企业自动化(现称工业电气自动化)专业,任工企教研室主任(交大西迁后,改任工业电子学教研室主任),并参与了直流输电、大功率整流器和电子单元组合控制系统的研究,以研究课题带动教学,翻译了当时不易收集到的资料,出版文集。在苏联专家来讲学时,沈尚贤与科学院、清华大学共同承担了各校教师和各工业部门技术领导干部的自动化培训任务。

为了提高教学质量,领导教研室全体同志积极进行教学改革,将先进的教学手段如电教录像片、计算机辅助学等引入教学过程中,促进了西安交大电教工作的开展。西安交大的《电气电子教学学报》就是沈尚贤一手创办并担任主编。国家教委电化教育局成立工科高校电子技术基础课程电教教材编审组,聘请沈尚贤和清华大学童诗白教授担任正副组长,六年时间该组编审制作了四十多部教材片。沈尚贤是教育部高等教育工科电工课程教材编审委员会主任;《电子技术基础》课程指导小组组长;国家教委工科电工课程指导委员会顾问。曾任中国电子学会教育专业学会名誉委员;中国电子学会和系统专业学会名誉委员;中国电工技术学会电力电子学专业学会顾问;中国电子学会电路和系统专业委员会副理事长;中国电工技术学会电力电子学委员会副理事长;中国电机工程学会荣誉委员。1984年获中国电机工程学会荣誉证书;1990年7月起,获国务院颁发的政府特殊津贴。1991年获中国电工技术学会"元老杯"奖。

沈尚贤矢志不渝于教育事业,呕心沥血地编写教材和翻译相关外文著作。主编出版的教材有:《工业电子学(上、下册)》(人民教育出版社,1961年)《工业电子学(上、下册)》(高等教育出版社,1965年)《模拟电子学》(人民邮电出版社,1983年)《电子技术导论》(高等教育出版社,1985年)《现代电子学习题选》(高等教育出版社,1993年)等六部。翻译的国外著作有:《照明技术教程》(电世界出版社,1954年)《工业电子学》(上海科学出版社,1958年)《工业电子学(再版)》(上海科学技术出版社,1963年)《直流输电译文集》(科学出版社,1964年)等四部。可谓著作等身。

另外,他编写的教材还有《电子技术基础绪论》电化教学片(1985年由中央电化教育署出版,1985年9月获西安交大优秀教材一等奖);《SR-8双踪示波器简介》电化教学片(1985年中央电化教育署出版,1986年获西安交大教学改革二等奖);《电子学课程十年改革》(1989年获国家级优秀教学成果特等奖)。

沈尚贤年过花甲,仍经常亲自上台讲授"模拟电子学"课程。步入古稀,还以极大的热情主编出版了《模拟电子学》《电子技术导论》等教材,主持电子学课程的改革。真是"老马已觉黄昏至,不待扬鞭自奋蹄"。难怪沈平生(沈尚贤次公子)说:"在家的时候,父亲跟我们说话的时间都很少。除了看书学习,就是在编教材。"沈尚贤完全将自己的一切奉献给了国家,为祖国的教育事业鞠躬尽瘁,直至生命最后一息。

拥护国家决策　旗帜鲜明西迁

1955年，党中央从当时的国际国内形势、全国的工业及教育事业合理布局出发而做出了一项重大战略决策——交大西迁西安。交大西迁，沈尚贤旗帜鲜明，坚决拥护，并身体力行，对电力系大部分中青年教师顺利迁到西安起到很大作用。1957年交大对西迁展开辩论，当时交大有数十名教师在北京参加不同新专业的培训，校方来电要求沈尚贤在京组织这些教师展开讨论。在座谈会上，沈尚贤力陈迁校的得失和意义，最后达成一致赞成迁校的决议复电校方，对迁校的最后顺利完成做了重要贡献。

沈尚贤的胞妹沈德贤时任交大基础理论力学讲师，妹夫陈国光早年毕业于浙大电机系，后留美学习航空无线电设计，回国后在上海一家工厂担任重要工作，待遇优厚。他们在上海四川北路有一套高级住房。沈尚贤最早把交大西迁的消息告诉了他们，并推心置腹地劝导妹子与妹夫应该深明大义，服从国家利益。于是沈德贤、陈国光夫妇毅然决定放弃在上海优越的生活条件，并将住房捐献给政府，带着三个年幼的孩子第一批来到西安。这早已成为交大历史上的一段佳话。陈国光后来负责筹建西安交大无线电元件与材料专业，并担任该专业第一届教研室主任。

1958年，沈尚贤与张鸿、陈大燮、钟兆琳、赵富鑫、周惠久等交通大学许多知名教授一起，举家西迁，从美丽的黄浦江畔迁到灞河之滨的西安。在极其艰苦的条件下，他们扛起重任，克服生活、科研、教学上的重重困难，用扎实的知识培养了一批批人才，为国家建设、繁荣西部做出了巨大贡献。沈尚贤以及好多西迁的老教授，作为西部大开发的先行者，义无反顾，视秦川为故里，无私地献出了他们的后半生，直至最终长眠在那片黄土地上。

为了缅怀这位德高望重的杰出教育家对事业鞠躬尽瘁的一生，颂扬他为了国家利益，毅然举家西迁的高风亮节，2009年7月4日，西安交大隆重举行沈尚贤先生百年诞辰纪念活动。交大老校友、沈尚贤的学生（1943年到1947年，沈尚贤为江泽民修学"照明学"课程的老师）、时任党和国家领导人的江泽民同志致电深表怀念之情"沈尚贤先生勤恳育人的崇高风范是我们后人之楷模",并送来题词:"举家西迁高风尚,电子领域乃前贤。"

2017年11月30日,西安交大15位老教授集体给习近平总书记写信,回顾交大"向科学进军,建设大西北",西迁61年来的历程和情景,始终坚持"扎根西部、服务国家、世界一流"的定位和目标,为国家特别是西部地区培养了大批优秀人才,创造了许多重大科技成果;汇报学习党的十九大精神的体会和弘扬奉献报国精神的建议。习近平总书记收信后,及时做出回复,向当年响应国家号召、献身大西北建设的交大老同志们致以崇高的敬意,祝大家健康长寿、晚年幸福。也希望西安交大师生传承好西迁精神,为西部发展、国家建设奉献智慧和力量。

2018年新年贺词中,习近平总书记列举他过去一年中收到的四封群众来信,其中一封即是西安交大西迁的老教授写给他的。习近平总书记意味深长地说:"他们的故事让我深深感动。广大人民群众坚持爱国奉献,无怨无悔,让我感到千千万万普通人最伟大,同时让我感到幸福都是奋斗出来的。"

交大西迁是历史壮举,由彭康校长带领的包括沈尚贤先生在内的交大同仁们,用万丈豪情和满腔热血铸就的"胸怀大局、无私奉献、弘扬传统、艰苦创业"的"西迁精神"将历久弥新,永垂史册。

积极参政议政　勤于社会活动

沈尚贤于1946年加入九三学社。在各次活动中,敞开胸怀,建言献策,起到了民主党派应起的积极作用。

1977年,九三学社西安分社成立临时领导小组,沈尚贤担任副组长,负责恢复时期的九三学社工作。1980年至1988年,在九三学社西安分社第二、四、五次社员代表大会上,沈尚贤当选为副主任委员。1992年的第六次社员代表大会上,沈尚贤被一致推选为名誉副主委。沈尚贤历任九三学社陕西省第五、六、七届委员会副主委;第八届名誉副主委。陕西省第四、五、

沈尚贤

六届政协会议上，沈尚贤当选为副主席。

他在积极参政议政的同时，满腔热情地关心陕西的教育事业，以陕西政协的身份支持民办教育，担任过西安培华女子大学名誉董事长和西北电力职工大学名誉校长。沈尚贤先生还是浙江大学西安地区校友会名誉会长。

作为省政协副主席、九三学社陕西省副主委，况且已届80岁高龄，沈尚贤仍然勤于社会活动，经常外出调研。在外出途中，还坚持和大家一起挤面包车，饿了在教工食堂吃便饭，晚上住在学校的招待所。"我们是来解决问题的，不能给人家添麻烦"，沈先生每每这样告诫大家。有一次在调研过程中，由于所住招待所条件很差，到了半夜暖气突然停放，第二天沈先生就咳嗽起来，后来导致气管炎复发而住进医院。躺在病床上仍念念不忘调研结果，多次询问调查报告是否写出来了。

这里再做些补充，以增加对沈尚贤的家庭情况及其清廉品格的了解。

沈尚贤有两个胞妹。长妹即前面提及的沈德贤；小妹沈慧贤，是国学大师钱钟书的堂弟钱钟韩的夫人。钱钟韩亦是中国科学院自动化研究所筹备委员会副主任委员之一，1980年当选为中国科学院院士。沈尚贤先生的夫人姓吴名文华，是一位知书达理的女性，为交大西迁尽心尽力，做出了一定的贡献。在交大西迁展览馆中，挂着一张吴文华女士在西迁前，作为交大家属代表随西北考察团去西安参观时，手捧苹果与大家合影的照片。沈雨生与沈平生是沈尚贤的二位公子。沈雨生是中南民族大学的一名化学教授。

沈尚贤十分注重廉洁原则，公私分明。有一次，省政协来车接他去开会，他儿媳正好有事要进城，就说："爸，我搭你的便车吧！""那可不行，这是公车。""我不坐,那个位子不也空着吗?""空着也不能坐,公私要分清嘛!你还是挤7路公交车去吧。""倔老爸!"儿媳嘀咕着,似是抱怨,内心却充满了对公公的尊敬。

沈尚贤经常告诫晚辈,要尽力为国家为人民做好事,不要向组织上提个人要求。有一年,沈尚贤的孙女从南京出差回来,对爷爷说:"人家江苏省政协都发保姆费,你们陕西省怎么没有?""怎么没有? 我没有去领就是了。""人家不请保姆的还领保姆费,咱家请了保姆,国家又发保姆费,你为什么不领?""咱家的生活已经比一般人好了,还领那个干什么?""你这样,人家也不会说你是活雷锋。""我也不是为了让人家说。"

1993年,沈尚贤先生临终前留下遗愿,关照家人和学校一定要为家乡嘉兴做点贡献,让西安交大与嘉兴合作共赢。可见老先生对故土的深切眷念。

《沈尚贤》一文资料搜集记

2016年3月,我开始为《秀洲区志》(嘉北街道部分)撰稿。

区志办发下来的撰稿大纲有《人物传略》和《人物名录》章节,要求记述本域内的古代、近现代和当代的名人情况。我在2016年上半年就开始搜集,了解到嘉北火车(叉)浜出生的沈尚贤是我国杰出的教育家、自动控制与电子工程领域的奠基者,十分了不起。但以前不管是嘉北还是秀洲区都没有详细记载沈尚贤的资料,没有人知道嘉北这个地方有这样一位名人。所以,我能收集到的资料都为一些零零碎碎的,没有系统性。2018年元月3日,秀洲区政协文史研究会的叶加老师来电,谈及计划于年内出版一本《秀洲近现代名人录》,询问嘉北区域内是否有"名人"。我把关于沈尚贤的那些零零碎碎的资料送去。叶老师浏览后说:"这么一个人物不得了,当然是秀洲名人。你赶紧去把文章写出来。"但凭原来收集的资料根本无法把这位名人的来龙去脉交代清楚。我知道,这是一个艰巨而有意义的任务。秀洲区有这样的名人,当是一件引以为自豪的事。嘉北街道更是为有如此一代乡贤而深感荣耀和骄傲。值此《秀洲区志》列《人物》章节,秀洲区文史会编纂《近现代秀洲名人录》之际,笔者作为嘉北街道的撰稿人,当责无旁贷、尽心竭力为吾乡贤树碑立传。

为了让人们清晰地、全面地认识、了解嘉北的这位名人沈尚贤,我决定从四个方面去努力挖掘:一是从电脑上查找;二是购买相关书籍;三是走访沈氏族人;四是给西安大学写信求助。这里,我把收集沈尚贤的有关资料的过程记录如下。

沈尚贤出生于火车(叉)浜,具体位置在今嘉北街道阳光小区同心路的南端。这里拆迁后,大部分的沈姓居民(应该是沈氏族人)安置在阳光社区。我找到了嘉北街道工作的杨永芳女士(她曾在阳光社区工作),由她联系了沈氏族人沈金良。

2018年元月9日下午,我去阳海景怡南区28幢寻访沈金良,可是叩门无应。正好有一位阿姨下楼梯,她说沈金良在外面遛狗。我等了约莫半个小时还不见他回来,心想只好改日再来,决定回家。当我走了不到50米的路,迎面来了一位老伯,正牵着一条黑犬。我冒昧地问道:"请问您是沈金良伯伯?"他迅速打量了我一下,马上笑着说:"是,是。"我讲明了来意,拿出笔和本子,要他谈谈对沈尚贤所了解的情况。原以为他或多或少地知道一些,不料他也说不上什么。只说是有沈尚贤这个人,他和其是远房关系,具体情况一点也不清楚。但他热心地提供了一条线索,要我去找一个叫沈海平的人,说海平和沈尚贤是一房里的人。

道谢告辞了沈老伯伯后,我又去找杨永芳女士帮忙。次日,她弄到了沈海平的电话号码。我立即拨了过去,对方很客气,但对沈尚贤的情况则表示无奈。但他也热心地提供了一条线索:住在阳光小区的张嘉明肯定知道一点。这实在使我喜出望外。

2018年元月21日,我到阳光小区(西区)张嘉明家里访问。交谈中,得知张嘉明的舅舅沈静贤是沈尚贤的堂弟。原来如此,怪不得沈海平说他"肯定知道一点"。沈静贤现年已八十八,原在嘉兴冶金厂工作。20世纪70

年代，因工作对调之故，远去湖北黄石市，并定居于那里。张嘉明当即拨通了湖北的电话，如此这般地告知对方。沈静贤的儿媳接的电话，说老爷子正在午睡（其时当在午后一点左右），于是相约下午5点时分再行联系。我随即给沈争尉先生（沈静贤之子）发去了一条如下内容的短信：

"您好！我们彼此素昧平生，打扰您很不好意思。嘉兴秀洲区史志办正在编纂《秀洲区志》，内有《人物》章节。秀洲区文史研究会亦在筹划出一本《秀洲近现代名人录》。我作为嘉北的撰稿者，当责无旁贷、尽心竭力为吾乡贤树碑立传。沈尚贤先生系我嘉北火车（叉）浜人，他是我国自动控制与电子工程领域的奠基者。悉令尊大人了解沈尚贤，故希望老人家提供一些资料。现把情况说明，以免引起误会。"

我如约于沈静贤老先生通话。由于先行发了短信，那边已有了准备，故交流进行得很顺利。沈老先生一开始就对我要把沈尚贤这个人写出来表示感谢，接着进入正题。他说，沈尚贤诞生于嘉兴火车浜的沈家大院；父亲沈界侯，系沈家大房之长子（曾在当时的浙江省政府谋职），大家都亲昵地称其为"大伯"或"金伯"；母亲就相应地被称为"大妈"或"金妈"。沈静贤是沈尚贤的堂弟，两人相差二十岁上下。沈尚贤去了国外读书，沈静贤才刚刚出生。20世纪50年代，沈尚贤去西安之前，兄弟俩在上海见过一次面。沈尚贤给了他几块床板，后来就一直没有联系。沈争尉先生（沈老先生之子）补充说，沈尚贤儿子沈雨生是中南民族大学化学系教授。

对于这次远程电话采访到的信息，是一份不可能从电脑上或其他渠道找到的资料，就是沈尚贤的哲嗣也未必尽知，实在是弥足珍贵，让我如获至宝。

我了解到有一本《从黄浦江边到兴庆湖畔》的书，是西安交大文化投资有限公司出品，西安交通大学出版社出版的。此书出自交通大学西迁人后代的手笔。沈尚贤先生正是西迁的先行者，如此切题，谅必有我为之苦苦搜寻的若干资料。即教我儿从网上以快递购得。果然，其中有沈尚贤公子沈雨生和孙女沈卫红，怀念、回忆父亲和爷爷的两篇文章。文章虽短，仅为几段零星资料，但对我的整理工作肯定有所帮助，特别是附有沈尚贤先生青年时期的照片。

现在来说给西安大学写信求助的事，坦白说这是我一丝没有希望的希望。换言之，是明知不可为而强为之。因此，作好了"泥牛入海无消息"的心理准备。信的全文如下：

西安交大

王树国校长钧鉴：

贵校已故知名教授沈尚贤先生系浙江嘉兴人氏，乃吾乡贤也。他出生在一个名为火车浜或谓火叉浜的自然村坊，其所在地即今嘉兴市秀洲区嘉北街道阳光南区。

值此秀洲区史志办修编《秀洲区志》暨秀洲区政协文史会编纂《近现代秀洲名人》之际，作为嘉北街道的撰稿者，鄙人当责无旁贷，竭力尽心为吾乡贤树碑立传。由于沈老先生为祖国之教育事业终身奔波，四海为家，未闻有回梓里之行，故无从记述一些生活轶事。甚憾。

今不揣冒昧，恳求赐上一二有关沈老生平之资料（包括照片），并告知沈老先生安息于何处，及其后嗣之联系方式。此非鄙人一人之所请，实沈老先生桑梓父老之所请也。

书不尽言，伫候玉音。敬颂

教祺！

赵忠良再拜 二〇一八年三月十二日

此信用毛笔写就，同时再用宋体打印一份附上。我将信投于勤俭路邮电局门口的邮筒中。然而望穿秋水，杳无音信，只得绝了此念。揣测"泥牛入海无消息"的原因，不外有三：其一压根儿没有收到信件；其二收到，但因忙而忘（因为毕竟是一桩小事）；其三对于一介布衣之所求无须理睬。因此，原本认定的作为搜集整理的一个方面的美好想法化为泡影。

然而我毕竟搜集到一些资料,特别是亲访沈尚贤先生的堂弟,得到了一些除此无法得到的资料。我耐心地进行整理,终于形成文稿《治学严谨 杏坛泰斗——杰出的教育家、我国自动控制与电子领域的奠基者沈尚贤》,发表于秀洲区政协文史会的《秀洲近现代名人录》。但要加以说明的是,为求得与其他文章在篇幅上的协调,编委对该文作了不少删减。

有幸能够亲访沈氏族人,从而考证了沈尚贤先生确是嘉兴嘉北火车(叉)浜人,这使我感到莫大的欣慰。有这样的名人,有这样的一代乡贤,嘉北无愧为钟灵毓秀之地。

以上是我搜集整理沈尚贤一文(可说是沈尚贤先生的一篇小传)所经历的过程。

表述沈尚贤之生平,缅怀颂扬沈尚贤爱国敬业、鞠躬尽瘁的奉献精神,以其高风亮节激励乡人,树立风气,崇德尚学,报效国家。这是我撰写此文的初心所在。但愿抛砖引玉,期待有专门研究嘉北乡贤沈尚贤先生的文章问世。

最后,不得不提许多热心人对我的帮助和支持。诸如嘉北街道的杨永芳女士为我沟通相关人氏;本地的沈氏族人沈金良、沈海平先生为我提供线索;嘉北街道阳光西区的张嘉明先生为我联系在湖北的沈氏族人;湖北的沈静贤先生(八十八岁高龄)、沈争尉先生为我提供相关鲜知的信息。上述人士不辞辛烦、满腔热情地对我撰写本文所给予的支持与倾注的关爱,使我深受鼓舞,在此一并表示由衷的感谢!

(赵忠良)

革命先驱　名载史册

——革命烈士方叔昆

　　方叔昆（1908—1938），又名方叔堃、方叔琨[1]、方曼之，学名方培玉。家住嘉兴县城北郊朱官浜木桥头（毛脚墩），即嘉北街道原吴家桥村。曾一度迁住城内蒲鞋弄朝北廊下（伞店）3号。

　　民国九年（1920）方叔昆就读于秀州中学。由于家贫辍学，经人介绍去了新塍镇怡和祥布店当学徒。因其诚实勤劳，学徒期满后，被留于店内充当一名职员。

　　1919年爆发了"反帝反封建"的"五四"爱国运动。新塍镇上一批热血青年为"五四"精神所感召，纷纷以组织社团、创办刊物的形式，宣传进步思想。其中沈选千、朱亮人、朱仲虎等人发起组织的"新塍读书会"最为活跃，将外地传送过来的革命思想及进步刊物在当地广泛传播。方叔昆被"读书会"的举动深深吸引，决意加入"读书会"。入会后，结识了朱亮人、朱仲虎等人。每当他们在一起畅谈抱负志向和奋斗目标时，彼此志同道合，十分投机，常常彻夜而不觉疲倦。

---

[1] 方叔昆之侄方之明写的《我所了解（的）叔父方叔琨》中用了"琨"，可证方叔昆又名"方叔琨"。

民国十三年（1924），中共党员顾作之、王贯三返回嘉兴创建中共嘉兴地方党组织。就在下一年（1925），经中共党员朱仲虎介绍，方叔昆加入社会主义青年团。次年，十九岁的方叔昆转为中共党员。

1927年6月，中共党员沈选千从武汉把郭沫若所著，内容是揭露蒋介石的反共真面目的《请看今日之蒋介石》一文密寄嘉兴。由方叔昆等通过在嘉兴绮春阁印刷所内工作的党员俞星和，将此文秘密印发各地，激起各界民众的强烈反响。

在轰轰烈烈的大革命年代，在"四一二"蒋介石叛变革命后白色恐怖笼罩下的岁月里，方叔昆始终坚持革命活动，忠心耿耿为党工作，为嘉兴早期党、团组织的发展与革命斗争的深入展开做出了贡献。他曾先后担任过共青团嘉兴支部书记，中共嘉禾布厂（后来的南湖染织总厂）党小组长，是一位嘉兴地方党团组织的主要骨干。在严酷的斗争岁月里，方叔昆的所作所为，自然成为国民党反动势力重点搜捕的对象之一。1934年冬，方叔昆在县城杨柳弄一带进行革命活动。敌侦探获悉方叔昆行踪，随之将其逮捕。国民党反动当局以方叔昆犯有所谓的"危害民国为目的而组织团体罪"（案称"嘉兴杨柳弄事件"），判处三年有期徒刑，关押于杭州浙江省陆军监狱和浙江省特别反省院。狱中的方叔昆，经受住了皮鞭的考验，经受住了所谓的"思想感化教育"的攻心斗争，以矢志不渝的革命信念向党和人民交出了清白的答卷。

抗日战争爆发后，国共两党形成第二次合作，达成了无条件释放政治犯的协议。1937年冬，作为政治犯的方叔昆获释。出狱后，居住在新篁其兄方培春处。在积极设法与党组织取得联系的同时，以一个共产党员的责任感，方叔昆自觉投身新篁一带的抗日救亡宣传活动与抗日武装斗争。据方阿明（方叔昆之子）所述，当时方叔昆参加由姜维贤组织的抗日义勇军。1938年4月27日，嘉兴、平湖、海盐三驻地的日军联合行动，对新篁镇一带进行报复性"大扫荡"。方叔昆在掩护危难群众时被抓获，惨遭日寇杀害。痛哉！方叔昆光辉的人生定格在31岁。

方叔昆,这位早年嘉兴地方党、团组织的主要负责人之一,以一个共产党员的坚定信念留在当地,开展革命斗争。曾任中共嘉兴独支书记的顾作之,在新中国成立后撰写的回忆录中,多次提到方叔昆在嘉兴北郊农村开展党的活动的事迹。①

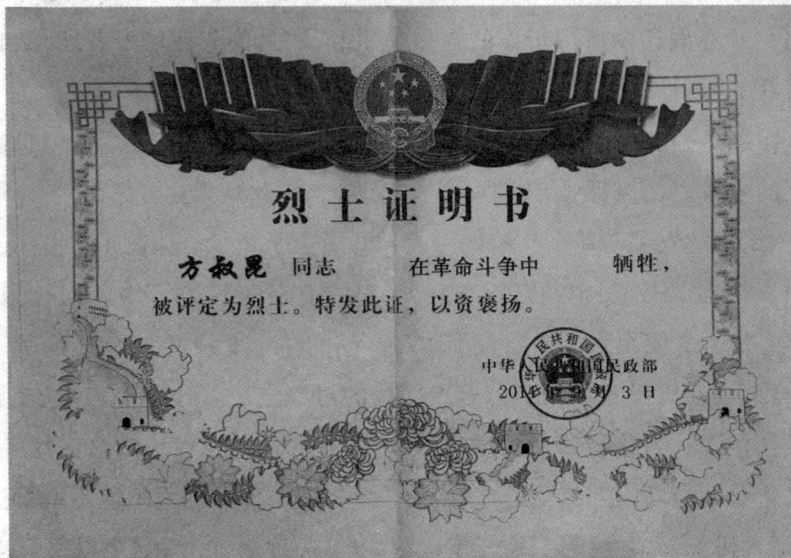

方叔昆《烈士证明书》

方叔昆作为中国共产党的革命先驱载入《嘉兴市志》近现代人物栏。新塍镇陆家桥北塊东侧的嘉兴地方党史陈列馆内,有方叔昆的简介和画像。浙江省民政厅颁发了方叔昆《烈士证明书》。嘉北革命先辈的英勇事迹,是对人民群众和广大青少年进行爱国主义和革命传统教育的好资料。

---

① 当年方叔昆在嘉兴北郊农村开展党的活动,是以木桥头小学教师身份作掩护(还有一位教师是广东籍的王先生)。木桥头小学的位置在原嘉北街道吴家桥一组。

附：1938浙烈字第010761号内容

姓名：方叔昆。

出生时间：1908年。民族：汉。籍贯：浙江省嘉兴。

生前所在单位及职务：共青团嘉兴支部书记。

入党团时间：1926年。

牺牲时间、地点：1938年4月，嘉兴市南湖区新篁。

填发机关、时间：浙江省民政厅，2014年9月3日。

执证人姓名、称谓及地址：方阿明　儿子　嘉兴市嘉北街道阳光社区。

（赵忠良）

赴朝参战　历尽艰险

——抗美援朝三老人

　　《谁是最可爱的人》是作家魏巍的名篇,是深受人们喜爱,颇受感染力的一篇好文章。文中讲的是当年中国人民志愿军在朝鲜战场上英勇奋斗的事。那些可爱的人为祖国献身的精神,鼓舞着一代又一代中国人为祖国的强大而奋力拼搏。时光流逝,岁月变换,当年这些最可爱的人,如今有的已经走完了人生的光辉历程,还有不少人在幸福地安度晚年。前些日子,我有幸结识了三位老人。他们是现嘉兴市秀洲区新城街道义庄村的顾关庆(1928年出生),黄金雷(1925年出生),李小男(1928年出生)。这三位老人身体健康、谈吐清楚,一起回忆了抗美援朝时的战斗和生活往事。我听后深受感动,欣然命笔,写下此文。

　　1951年1月的一天,顾关庆和黄金雷去塘汇区开会。会议动员农村青年报名参加志愿军。区委书记对他们说:美帝国主义发动了朝鲜战争,战火已烧到了我们祖国的大门口。敌人想通过朝鲜这块跳板,攻打我们中国,企图摧毁我们的新政权。我们去抗美援朝,就是保家卫国。两位刚刚翻身做了主人的农村青年,中华人民共和国成立前都是地主家的长工,一无所有,中华人民共和国成立后才分到了土地,听了区里领导的一番话,顿时热血沸腾,为了保卫新生活,毅然报名参军。当天回家后,他们把这个消息告诉了同村的年轻人，长工出身的李小男、俞老龙、卢仁观等都积极报名参军。卢仁观因年龄超过，未被批准，其余全部被批准入伍。俞老龙因身体不好，到了辽宁后就治病，未赴前线。

1951年4月，他们（顾、黄、李）三人从嘉兴上火车直达东北辽宁（丹东）。训练近一个月，就赴朝参战。顾关庆、黄金雷被编入了中国人民志愿军二十六军七十四师二二八团高射机枪连独立排，李小男被编入了二二六团高射机枪连。

作为第二批赴朝的志愿军，他们从丹东出发，步行赶往前线。当时，战火已经推进到近"三八"线。出发时，鸭绿江大桥经常被敌机轰炸，他们在晚上踏着刚用门板修复的桥面，雄赳赳，气昂昂地跨过鸭绿江进入朝鲜。以后每天晚上行军，白天休息，步行二十多天，行程一千多里，才到了驻地。他们走的都是山路，崎岖不平，到处都是荒野和焦土，军鞋穿破了十四双。每天天亮时，班长去领一些高粱和小米等食物，各班煮来吃。战士们吃了早饭，就找地方睡觉。不安全的地方，还要用洋镐挖山洞睡觉，预防敌机轰炸。一整夜走下来，人非常疲劳，一倒下来就睡着了，有时睡得连中饭也不吃。傍晚，吃了晚饭就又出发。他们的脚底都磨出了血泡，白天用针刺破了血泡放血，晚上又走出了血泡，第二天再放血……一路上不洗澡，不洗衣服。出了汗，人体慢慢吸干，下雨衣服淋湿，让其自然干。在辽宁住在朝鲜族农户家里时，身上已有白蚤，后来更多了，全身感到奇痒。闲下来的时候，他们就在自己的衣服上捉白蚤。

到了驻地以后，就开始修筑工事。修筑工事虽不复杂，但很累，就是在山边安全之处用军用铁锹挖了一个坑，上面铺很粗的树木，横一层，纵一层，交叉铺几层，再在上面压上石块和泥。人住在下层，这就是掩体。

朝鲜战争是残酷的。黄金雷回忆说：在一次夺取独立峰的战斗中，志愿军牺牲了近一个营。那是一个大冷天，摄氏零下十几度。敌人为了守住独立峰，从山下的河里敲冰抽水到山上，让水沿着山路淌下，山路上就结了冰，给我军的进攻增加了更大的困难。那天夜里，我军发起了冲锋。敌人的照明弹照亮了山路,子弹像雨点一样飞来,但是我们的战士在山下炮火的掩护下,不顾一切往上冲。前面的战士倒下了,后面的战士踏着尸体往前冲。敌人吓破了胆,逃跑了。我军终于在天亮前夺下了独立峰。李小男回忆在夺取雪芳山的战斗中,他们团派出一个突击连,一仗打下来,去时一百多号人,回来只剩下一个班。

在朝鲜战场上,他们想的只有怎么打败敌人,其他什么都不想。他们有一段顺口溜:"离开家乡,抛弃爹娘。洋炮一响,譬如白养。"完全把生死置之度外。在战场打仗要死人,不打仗的时候也会死。一次,顾关庆披着棉大衣在路上走着,突然,一颗燃烧弹在他的身后落下,棉大衣一下子熊熊燃烧起来。他迅速往后甩下棉大衣,向前扑下,爬着向前,才离开火源,留得一命。如果那天他把棉大衣穿上,手套进袖管里,扣上纽扣,根本来不及脱下棉大衣,也就没有今天了。黄金雷在一次为修筑掩体扛树木的半路上,突然觉得有人在树木上重重一击,肩上的树木滚到地上。可是当他转过身,发现后面根本没有人。他俯下身子,想把树木再扛起来时,发现树木的中间深深地插着长约20厘米,宽约5厘米的弹片。这里正是扛在肩上的地方,要是再偏里三厘米,黄金雷的头正好扎中。现在想起来,还真后怕,但那时什么都不想,扛起木头就走。

顾关庆曾立过一次二等功,获得一枚银质奖章,是朝鲜人民军发的。回忆起那次用高射机枪击落敌人的炮兵侦察机的经过,他还记忆犹新。那是1952年春节过后的一天早晨,顾关庆起床去换岗。他来到机枪边,发现一架敌机向我方阵地飞来,在早晨的阳光下目标非常清晰。飞机的高度完全在高射机枪的射程以内。他瞄准敌机,连扣三下枪栓,十八发子弹带着他的愤怒和仇恨飞向敌机。他还不知道有没有射中,只见敌机就拖着长长的黑烟向山下落下去。团部马上来调查,他立了二等功,得了奖,还做上了副班长。讲起这件事,顾关庆那满是皱纹的脸,笑成了一朵花。

部队的生活是非常艰苦的。每人每月发两元钱津贴,连长也是一样,就多发了一斤老烟。他们两元钱也用不掉,因为没有地方买东西。香烟更买不到,抽烟的人有时会去拦汽车,硬要买烟。如果难得买到一包烟就珍贵了,一支烟三四个人抽,你一口,我一口,有滋有味地过烟瘾。他们出战前,部队有规定:不动朝鲜人民的一草一木,不要朝鲜人民的一针一线,不吃朝鲜人民的一菜一饭。所有的食品都由国内送去。可是,由于后方的路和桥经常被敌机轰炸,食品供应不上是经常有的事。不要说营养,连填饱肚子都困难。有一次,部队驻扎在吴松山上,他们25天不见一粒米或高粱。司务长不知从哪里弄来了黄豆(可能是给马吃的),借来朝鲜农民家里的小石磨,把黄豆磨成了粉。战士们去挑了一些野菜,开始是毛毛草,后来毛毛草挑完了,只要是叶子软的草都割来,用开水烫一下,切成细片,烧豆浆野菜汤,每人喝一碗充饥。

就这样过了二十五天。由于营养严重不良,大部分人的眼睛都看不见东西了。黄金雷所在的班十二人,只有他能看清东西,顾关庆所在的班十三人,只有两个人的眼睛能看清东西。二十五天后,食物送到了,他们去山下休整,黄金雷和排长郭永清第一次在食堂吃馒头,两个人吃了一桶。五十个馒头(一两重一个)一口气吃了下去。吃好了,两个人坐在地上,动弹不得。

部队的生活是艰苦的,但也是乐观的。顾关庆他们连队有个上海姑娘,随连队赴朝,是连队的宣传员。她毕竟是年轻人,读书人,不像他们这些做长工出身的人,经受不住如此艰苦的生活,经常看到她一个人躲在暗处哭泣。但一旦和大家一起的时候,她满脸笑容,向战友宣传,为战友歌唱。歌声像百灵鸟一样甜美,给战士们带来无限的欢乐。

谈到朝鲜战场,顾、黄、李三位老人说:敌人是很狡猾的,反宣传的力度很高。有时候,敌人的飞机飞得很低,飞机上向下挂着一个大喇叭,用汉语向地面喊话:"你们是共产党骗来的,你们的父母盼着你们回家。现在你们回不了家了……"等等,还从飞机上抛下大量照片和传单,有宣传敌人有多强大,有宣传我军如何惨败,有志愿军被炸死的,还有家里老娘哭哭啼啼盼儿回家的照片……企图用这些宣传动摇军心。志愿军可不理这一套。吸烟的人拿着这些纸卷烟抽烟,还有人拿着这些纸擦屁股。后来,上级来通知:这些纸一律不准捡,防备纸上有毒。美帝国主义真是太坏了。

狡猾的敌人也有愚蠢的时候。一个冬天的早晨,顾关庆起床到掩体外,看见雪地上有许多苍蝇在慢慢地爬,有很多已经不动了。这大冷天,怎么会有这么多苍蝇呢?原来是敌人从飞机上整包整包地投下来的,这就是细菌战。苍蝇带着许许多多细菌,妄图毒害我们志愿军。可是,苍蝇在大冷天怎么会活呢? 你看傻不傻。

1953年6月,他们三人所在的部队全部回国。回国部队一到丹东,就受到老百姓的夹道欢迎;到了山东驻地,老百姓抬着一只只杀白的猪迎接他们。在驻地部队休整,他们的主要任务就是学习文化。这为他们以后的工作打下了基础。可是,蒋介石被赶到台湾后还不死心,企图反攻大陆,经常派飞机骚扰东南沿海地区。他们三人本来就是高射机枪连的,被部队选中,派驻上海浦东高桥,保卫上海领空。直到1956年再回山东。

1957年,他们三人陆续回到了家乡。回乡后,他们三人分别担任过党支部书记,支部委员,大队长等职,带领群众建设社会主义新农村,又立下了功勋。

(周振明)

读书明理　铸就人生

——浙江省劳动模范高明慧

我要读书

1954年8月,高明慧出生在白老鼠桥港的东岸(现秀湖西岸湖中)。高明慧的父亲叫高柏仁。中华人民共和国成立前,他从萧山逃荒到嘉兴做长工;中华人民共和国成立后,他分到了田地,搭了一个小草棚,结了婚。女儿诞生,一家人充满喜悦。夫妻俩都是文盲,深知不识字的苦恼,高明慧七岁时,就被送到九里汇小镇的一所小学读书。高明慧自然喜出望外,读书特别用功,成绩优秀。老师非常喜欢她,特别是班主任潘文琪老师。但到了三年级,高明慧常常请假,不能天天去上学读书。潘老师就去她家家访。原来,高明慧的父母亲都要到生产队劳动,家里四个小孩,最小的妹妹刚会走路。这三个弟弟妹妹,需要她这个老大照顾。潘老师看到这种情况,就和她爸爸、妈妈商量,让高明慧把最小的妹妹带到学校。从此高明慧天天背着妹妹上学读书。潘老师在她的座位边放一把小椅子,让妹妹坐。潘老师还容许她上课可以随便离开教室,因为要给妹妹尿尿。尽管这样,高明慧还隔三岔五请假,但她的成绩还是非常好。

1966年下半年,她读四年级了。一天,她背着妹妹来到学校,看见墙上贴满了大字报,说老师是"臭老九"、叛徒、走资派……要打倒他们。高明慧十分惊奇:好好的老师为什么要打倒?这时,有一个大一点的同学告诉她,现在停课闹革命,斗老师。你是老师的心肝宝贝,不会写大字报,也不会斗老师,还是回家带好妹妹吧!她含着眼泪,背着妹妹回到家里。从此,高明慧失去了读书的机会。

1968年,高明慧从广播里听到,嘉北公社人民大队开办初中班。(当时全公社并成五个大队,五个大队的完小都办一个初中,称"戴帽子中学",东方红大队的初中办在沈家桥小学,高明慧过去比人民大队初中远)招生对象是小学毕业或因停课闹革命而未毕业的在家的小学生。高明慧非常激动,自己又可以上学了。那年,她14岁,已经参加生产队劳动挣工分了。爸爸不让她去报名,说女孩子已经识了不少字,不用读了。高明慧一听,立刻傻了。她不停地说:"我要读书!我要读书……"一天到晚不做事,不吃饭,或跑来跑去,或坐着不动,口里就那么念个不停。就这样连续三天。妈妈看她这个样子,十分担心。这个女孩真的变成智力障碍者,就毁了她一生。妈妈一定要爸爸答应给女儿读书。爸爸终于答应了,但要求女儿星期天和放假,一定要参加生产队劳动挣工分,把自己的口粮钱挣出来。高明慧听到了,脸上就露出了笑容,说:"只要在家里,我就去挣工分。"

她终于上了初中读书。她知道这读书来之不易,所以特别用功,虽然她只有读到四年级,但还能努力跟上去(开始时就学毛主席语录、老三篇、人民日报社论,没有课本,第二学期才有初中课本,但只有政治、语文、数学课本)。第二年,东方红初中从沈家桥搬到杨家桥,东方红大队(现木桥港、沈家桥、金鱼桥三个村)在人民初中的学生都回到东方红初中。1970年,高明慧初中毕业(两年制)。

跳出农门

高明慧初中毕业后在家务农,后来在小学担任过代课老师,村里担任妇女主任。改革开放后,村里办起了光学厂,她担任厂长。但当时农村贫穷落后,农民辛辛苦苦终日劳作也积蓄不了几个钱。不少人想离开农村到城里去挣钱。1983年冬天,高明慧带着村里的七个小姐妹来到了江苏盛泽,租了一间破厂房,作为她们的宿舍和工场。她们在地上铺了一层厚厚的稻草,摊上草席,铺好棉被,就睡在地上。其他地方安放三台缝纫机。这房子还四面漏风,冻得大家瑟瑟发抖。有时候,几只老鼠窜过,吓得大家都跳了起来。但这一切,都吓不倒姑娘们。她们在门口摊一块很厚的布,头颈上挂一根皮尺,手中拿一把剪刀,为人量身裁衣,后去工场缝纫。一块块不同颜色的布料,瞬间变成一件件色彩斑斓的衣服。她们齐心合力做生意,一个冬天下来,每个人分到1000元。第二年,高明慧转战嘉兴,继续做服装加工生意。经过几年的努力,她积累了一定的资本,1986年,就在中基路开了一家"惠惠服装店",生意红火。

村里的年轻人看到高明慧的成功,都纷纷效仿。1组的葛金木、沈根福、4组的严新良、5组的桑掌妹、7组的徐小弟……先后到城里开了服装店。当时,木桥港村曾被称为"裁缝"村。

1980年,她与葛金甫结婚。葛金甫和她在一个生产队,读小学和初中都在一个学校,1975年,参军入伍,1979年退伍,回到了家乡。他先在嘉北针织厂工作,后和妻子一起"跳出农门"做生意,先是开办服装店,后来开惠惠烟杂店,逐步积累了一些资金,就在中基路买了一套近90平方米的房子,像模像样地做起了城里人。1981年,儿子诞生,小两口其乐无穷!

重回老家

1998年,高明慧回家看望父母,看到村里不少农田荒芜。那是因为种田收入低,农民大多去城里挣钱造成的。她想,我是农民的女儿,要把荒芜的农田用起来,再一次创业。可是她的想法遭到不少亲人的反对,都说农民种田辛苦,收益不高,再回来种田犯不着。特别是和她一起做服装生意的小姐妹都劝她不要回家,但她不听。当时,《嘉兴日报》上的一篇《一亩葡萄二万元》的报道,更坚定了她的意志,毅然放弃服装店当"女老板",转行做种葡萄的"新农民"。

回家后,她就在自己家的五亩农田里种上了葡萄。她构建钢管大棚,从农科院引进美国青提、无核鸡心等优良葡萄品种开始了第二次创业。种葡萄谈何容易,最困难的就是技术。她又像小时候"我要读书"时一样。一边实践,一边参加函授学习,发奋读书,于1999年获得北京农学院园林艺术系毕业文凭,第二年又获得北京农业大学果蔬专业的毕业文凭。她学以致用,把理论和实践结合起来,取得了很好的效果。这一年,她的葡萄获得了很好的收成。2000年,她更加努力,葡萄获得大丰收,平均每亩销售收入1.5万元,创造了当地种植葡萄的新高。勤学和勤劳带来了收获,连续4年,葡萄优质高产,年收入7—8万元。她感到:路走对了。

开办农场

当时木桥港村还属于嘉北街道。街道农技服务中心的领导发现了这个"葡萄专业户",就鼓励她发展种植业。可是木桥港村于2001年开始征地、拆迁,本来就认准这条路的高明慧,就到处找地。2002年,她在嘉北街道的金鱼桥村7组(后划归王江泾镇)以每亩每年800元的费用,租用了120亩农田,(租期10年,2011年续租10年,每年每亩1400元)先期投入5万元,创办了"嘉兴市秀洲区铭慧生态农场",开始了更大规模的果蔬种植。其中80亩种植浙江农科院引进的南方早熟品种"翠冠梨"。她制定种植规程、企业质量管理手册,努力生产品牌绿色产品。由于当地属典型的亚热带气候,基地附近无工业企业,加上与浙江农科院从引种、栽种技术到技术人员培训等各个环节的合作,蜜梨的产量高,品质好,深受市场欢迎。另外40亩种植葡萄,品种有金手指、美人指、红地球、巨峰等优质品种,亩产2000斤左右。在果树休闲期,这120亩地上还种植蔬菜,养殖鸡鸭。铭慧生态农场成了远近闻名的果蔬基地。

在葡萄种植效益和规模不断扩大的形势下,高明慧萌生出把农户组织起来"抱团"打品牌创市场的念头。2005年5月,她发起成立了"巾帼果蔬专业合作社"，带领农户发展果蔬生产，并注册"红船"牌商标，实行统一培育、统一种植、统一品牌、统一销售的规范运作。"巾帼果蔬专业合作社"建立初期只有16名股东，240亩土地。因为参加人员少，面积小，效益低，合作社发挥的作用不明显。合作社就多次召开会议，互相交流种植经验，定期举办培训班，学习高产优质经验，同时，抓好典型，发展大户，提高品质，以点带面，积极发展种植农户，扩大市场面积。经过努力，专业合作社的社员们的种植技术不断提高。后来，"巾帼果蔬专业合作社"里有十多名社员成为浙江省葡萄协会的会员。经过几年的努力，王江泾镇果蔬生产发展迅速，至2010年，合作社已有会员158名，种植面积达1870亩。为了打造好"红船"这个品牌，高明慧带领社员们严格把好产品质量关。"巾帼果蔬专业合作社"被国家农业部认证为无公害生产基地，省级示范性专业合作社。注册的"红船"牌商标被评为嘉兴市知名商标。种植的西瓜、草莓、葡萄等水果得到上级农业部门的无公害认证，并进入上海、杭州、嘉兴等大型超市销售。在这个过程中，高明慧带动社员亲帮亲、邻帮邻，解决了不少农村妇女的再就业问题，对增加农民收入，发展农村经济，调整农村产业结构起了积极作用。

高明慧积极带领农民致富，特别关注贫困户。帮助12户生活困难的残疾户种植葡萄，不仅在种植的时候给予技术指导，还为他们代购种苗、化肥、农资物品，并与这12户签订包销协议。

成立公司

随着秀洲区土地流转的东风，2010年，她又在王江泾镇东风村7组以每亩800元的费用，承包了250亩土地，并注册成立了"浙江嘉兴香溢农业科技有限公司"。她投资300万元，建立了精品果蔬种植基地，并加强了基地的软硬件建设和科学管理，果蔬种植事业又上了一个新台阶。公司主要从事精品蔬菜种植，新品种种子实验、培育、推广及技术指导。

2011年，公司获得经中华人民共和国国家工商行政管理局商标局局长许瑞表签发的"秀溢"牌商标注册证,核定使用商品为新鲜草莓、鲜葡萄、西瓜、甜瓜、新鲜蔬菜等,其中"浙蒲6号"获得国家绿色食品认证。

为了建设这个新的基地,高明慧主要做好了以下几个工作。

抓基地基础建设,拟定精品农业核心基地实施方案;制定目标和任务,实施标准化、生态化种植,确保基地可持续发展。明确土地划区使用:大棚区分四个区,一区种植西瓜、甜瓜;二区,种植草莓;三区,种植浙蒲6号;四区,种植各类蔬菜;露天区域为水稻种植区和养殖区。扩大销售窗口,在南门菜场、嘉兴市农贸市场、洪波路菜场等处设立营销总部,或直销点,或窗口。在搞好企业发展的同时,公司还为农户提供种苗、技术及产中、产后服务工作。

应该说,这时候的高明慧已经是一个不小的老板,但只要看见过她的人,都会认为她是一个乡间"老太婆"。公司当然有种植果蔬的专业人员,有工人,但她一年到头在田里,在路上,在摊位上。公司生产的葡萄、梨头、瓜果蔬菜,都是自己销售。瓜果类采取定量装箱,用卡车装运到市场销售(大多售给批发商)。蔬菜就靠自己装运到农贸市场,设摊销售。高明慧亲自开一辆电瓶三轮车,每天天不亮就把蔬菜送到农贸市场,有时候还自己销售。有一天早晨,她开着装满蔬菜的三轮车去嘉兴,在离公司不远的一个转弯处翻出水泥路,一车蔬菜倒在田里,自己的左脚被三轮车压住,拔不出来,动弹不得。幸亏有人看见,帮她去公司叫人。大家来了后迅速把三轮车翻过来扛到水泥路上,再把蔬菜搬上车。高明慧还能站起来,撩起裤管,发现脚背的袜子和血粘在一起,一片鲜红。她赶忙放下裤管,不让人看见,就又骑上三轮车,不顾疼痛,坚持把一车蔬菜送到嘉兴。

由于"浙江嘉兴香溢农业科技有限公司"坚持生态农业,科学发展,2011年批准为"秀洲区精品农业核心示范基地"。在这期间,她担任了不少没有工资的"职务":浙江省葡萄协会理事、秀洲区林果协会理事、秀洲区蔬菜协会理事、秀洲区女企业家协会理事、秀洲区女能手协会理事。

2007年12月,高明慧被浙江省科技协会评为"省级农村科技示范户",

2009年8月获得"浙江省双学双比活动女能手",2009年10月获得"嘉兴市三八红旗手"称号,2010年3月获得"全国城乡妇女岗位建功先进个人"称号,2010年12月被授予秀洲区首届"画乡骄子"。同年又加入中国农工党,并成为秀洲区第二届政协委员。2013年被评为嘉兴市劳动模范,2014年被评为浙江省劳动模范。

不忍抛荒　奋力耕耘

——嘉兴市劳动模范王贵富

　　嘉北乡木桥港村的王贵富是一个普通农民。1994 年,他成了种田大户,一直到 2003 年。10 年时间,他转变观念,努力拼搏,为国家做出了很大的贡献。

为了解决抛荒田

　　改革开放以后,木桥港村的劳动力大量流向城镇,农田抛荒现象十分严重。其原因,一是谷贱伤农。1993 年,稻谷每斤(500 克)仅 0.3 元左右,以每亩收稻谷(2 熟)1400 斤计算,仅 420 元,而成本不低:拖拉机耕田每亩 20 元,灌溉费每亩 20 多元,化肥农药每亩 100 多元,一年的辛勤劳动每亩收入不到 300 元。二是负担偏重。每亩交农业税 30 多元,上交村管理费 20 多元,还时而有什么水利费、修路费等。因此,去企业打工挣钱远比种田划算。一开始,人们还能兼顾两头,勉强管好田,后来就干脆不管田了,任其抛荒。木桥港四组当时有农田 147 亩,10 户人家,劳动力 32 个(包括老年劳动力),出去打工的 21 个,剩下 11 人中老年人占一半。因此,全年抛荒田有 20 多亩,半抛荒 70 多亩。有二位姑娘出嫁到城市,属于她们的田就什么都不管了。因为在售粮时要扣农业税,管理费,有些人干脆不种田,不卖粮,就什么也扣不到了。当时为了消灭抛荒田,政府让一些事业单位和企业单位在农忙时强令职工回家种好田再来上班,否则开除。事业单位采取了这样的措施,职工勉强回家种一熟,企业单位就不理你这一套。然而,就这样政府强令性行政措施也只能是权宜之计,难以从根本上解决农田抛荒现象日趋严重的问题。

王贵富一家五口。1994年,两个女儿都已初中毕业,一个儿子还在读小学。他们家承包农田18亩,在木桥港四组也算一个大户。他们把五亩田开挖成鱼塘养鱼,年收入在2000元左右,其他十多亩全部种单季稻。因为当时大家认为种两熟不划算。当时有一句顺口溜"二四得八不如一九得九"(意思是种两熟花两次成本,每熟产量低,种一熟花一次成本,每熟产量高,纯收入也不一定少)。王贵富家不但没有抛荒而且收成很好。他家的养殖业也不错,有猪舍100多平方米每年售猪200头以上,还养羊、鸡、鹅等,由于一家人的辛勤劳动,收入也不错,在1993年以前就造好了一幢400多平方米的三层楼房。

1993年年底,王贵富看中央新闻,说要大抓粮食生产。王贵富想,现在大家都不种早稻,将来连种子都没有了,怎么发展粮食生产?

第二年春天他购买了一台水泵自己抽水做了秧田,培育早稻秧苗(因为大家都种单季晚稻,大队的抽水机埠要到做晚稻秧田时才开机)。正当秧苗刚生长时,当时秀城区农经委主任杨能庭,嘉北乡农业乡长严云卿和木桥港村的几个干部来到了王贵富的田头。他们觉得人家连单季晚稻都不想种了,王贵富还要种早稻,这个精神不错。当时杨能庭指着秧田南边的一片荒草田(大约有30多亩)对王贵富说:"这些田你种吧,政府支持你。"喜欢种田的王贵富心动了,但又不敢贸然行事。后来,他问了许多人,也算了不少账,觉得可以试一试。他就和村里商量。最后乡村两级表态:村里每亩补贴10元,乡里每亩补贴20元(农业税、管理费照交),购买农机具政府补贴15%,银行还提供贷款。王贵富决定大干一场了。当年,他一共承包了108亩水田(承包期5年),立即着手开荒种田。

拼搏和成果

面对这一百多亩田,如何种植,如何管理,这对王贵富这个普通农民是一个很大的考验。种田上了一定的规模,无论从思想上,还是从管理模式上,都要突破原来固守的格局,这是一个大的转折。当时王贵富夫妻俩还年富力强,干劲十足。他们购买了一台拖拉机,耕田播种,接着又贷款在田边建造三间仓库,约160平方米,在自己家门口和仓库门口建造了一千五百多平方米的水泥场。为了运输方便修筑了石子路一千多米,为了灌溉方便,水渠硬化六百多米。本来他们家养了不少猪、羊、鸡、鸭。现在,又扩大了种田规模,夫妻俩经商定后一个(夫)管外,一个(妻)管内,密切配合。为了及时翻耕,王贵富从早晨三点开始开拖拉机耕田,一直到晚上10点。晚稻播种好了,可是秧苗还未出,牛毛草(一种又细又尖的小草,长得很密)却一起涌上,因为这些田太荒了。很多人看了都说:"王贵富这些秧田没用了。"王贵富在乡农技站的指导下施了除草剂,保住了秧苗。在大批插秧期间,他必须安排好劳动力(当时女工每天18元,男工每天20元)。一般上午拔秧,下午插秧。他必须施肥,平田,做好一切准备。因此,每天要到下午两点多,才能吃中饭。大面积除虫靠原来的小喷雾器不行了,他花了八百多元买了一架蜻蜓式喷雾器。第一次喷雾,由于一颗螺丝没有拧紧,喷得全身都是农药。他看了说明书,拧紧螺丝继续喷雾。为了抓时间,经常喷雾到晚上九点多。因虫害和病害都有时间性,超过有效期,就无效了。就这样,他精心管理,一百多亩晚稻长势喜人。秋后,稻谷成熟了,王贵富的一百多亩晚稻田犹如金色的海洋波浪荡漾,收成形势明显好于周边的晚稻。规模种田的效益出来了,王贵富获得了丰收,全年产粮11万多斤。他除了留下了口粮和饲料,其余全部卖给了国家。这一年,王贵富被评为嘉兴市优秀种粮大户。丰收以后,王贵富继续拼搏,合理规划,晚稻收后又接着种了四十多亩大麦,1995年,大麦收获后又种早稻,加上另外种的六十多亩早稻。使早稻种植面积达到100%。早稻收获后又立即全部种上晚稻,晚稻种植面积同样达到100%。这样,加上种大麦四十多亩复种指数达到240%。王贵富要在这块土地上种出更多的粮食来支援国家建设。这年下半年他被评为1995年浙江省优秀种粮大户,并奖了一台联合收割机,价值38000元。他带了一个年轻人去湖州培训。通过听课、实践,学会了开联合收割机,这样晚稻用收割机收割就轻松了。当年,大麦、早稻、晚稻。共收粮食二十多万斤。他留下口粮和饲料外,又全部卖给了国家(这两年,晚稻的国家收购价是0.80元,市场价1.10元,王贵富的20多万斤粮食的差价是不小的)。尽管一年工作很辛苦,又少得了一大笔差价款,但王贵富心里很充实。1966年大年初一,嘉兴市委书记王国平带着市农经委、市农业局一行人到王贵富家拜年。一个普通农民,市领导年初一来拜年,叫他怎么会不激动呢?以后连续三年年初一,王国平都来到王贵富家拜年。王贵富暗下决心,要更好地种田,更多地产粮卖给国家。

1996年做早稻秧田时,秀城区农经委主任杨能庭,嘉北乡农业乡长严云卿又让王贵富去种当时嘉北乡吴家桥村的一块160亩荒田。吴家桥村离木桥港村约4千米,路虽远一点,但王贵富不负重托,又开辟了新的战场。嘉兴市经济开发区补贴他5万元。嘉北农机站给他建造了抽水机埠,通了电。他又购买了一台拖拉机连同拖斗和其他设备,开始开荒种田。这一年,这160亩荒田经过细加工后,他又全部种早、晚两熟,收稻谷20多万斤。1997年,吴家桥村的80亩被征用,他在剩下的80亩种大麦、晚稻两熟,收粮食十多万斤。1998年,又被征用40亩,剩下的40亩种大麦、晚稻两熟,收粮食六万多斤。1999年遇上了百年未遇的特大洪灾,吴家桥那40亩水田地势低洼,积水严重。他用一台柴油抽水机和两台电动抽水机同时日夜排水。那时,王贵富日夜在田头,原先承包的108亩田要管理,吴家桥的堤岸要检查,一发现问题,就要修复。特别是晚上,他骑着自行车在相距4千米的两地来回两三次,倦了,就在田头地角闭一闭眼。有一天深夜,不小心摔了一跤,自行车的三角架撞断了,人被摔出两米多远,爬起来还得去田头。就这样拼搏26个日日夜夜保住了那40亩水稻,后来,收获稻谷四万多斤。2000年,那块土地也开始建房,王贵富完成了任务。

1998年,他在木桥港村承包108亩田的五年期满。1999年,他继续承包五年,至2003年。这一次承包,乡村两级没有任何补贴,不但要交农业税、管理费,还要交村管理费每亩30元。

2000年,粮食政策放开,订购任务取消,种粮的效益相对降低。当时嘉兴市农业局副局长陆培坤叫王贵富种杨树,提高经济效益。当时,浙江省农业厅在全省搞10个点,嘉兴这个点就放在王贵富这里。他种了28亩,共1500棵杨树。按当时理论测算:一亩田种50棵,10年成材,每棵1立方米,每方600元,那么10年后每亩田的经济效益为30000元,每亩年收入3000元。王贵富认真栽培,精心管理,三年后每棵树的直径达11厘米,高7米,当时是全省最好的一个点。2002年农历正月初八,嘉兴电视台播放了他的杨树林情况;农历正月十八,浙江省电视台也播放他的杨树林情况。王贵富也为自己的精心管理而感到高兴。可惜的是,不到10年开发了,这些树都被砍掉了。

前面提到他家本来就养猪、羊、鸡、鸭等,2000年以后,他的大小麦卖不掉了,就买了一台粉碎机,用自己的粮食喂养,养殖业的规模就更大了。王贵富又成了养殖大户。1996年起他还利用自己的仓库开了饲料店和小杂货店。可以说王贵富不但是种田能手,还是个发展农村经济的多面手。

在这十年里,王贵富在吴家桥的农田产粮40多万斤,在自己的108亩农田产粮150多万斤。规模农业使他为国家做出了巨大的贡献,也为他带来了巨大的经济效益。

荣　誉

王贵富的贡献很大,党和人民给了他很大的荣誉:

1994年、1996年相继被评为嘉兴市劳动模范,

1998年—2002年连续当选为嘉兴市人民代表,

1999年、2000年被评为南湖百杰。

更值得一提的是原浙江省委老书记铁瑛亲笔题字的一块匾,给了王贵富莫大的荣耀。那是1995年上半年铁瑛来嘉兴视察。嘉兴市农业局、农经委通知王贵富去嘉兴宾馆参加座谈会。王贵富在会上汇报了他种田的情况,铁瑛听了非常兴奋,欣然提笔写下了"贵富农场"四个大字。后来,市委办公室制作了一块匾送给了王贵富。王贵富一直把这块匾挂在客厅正门对面墙上。

历史依然记录着王贵富昔日奋斗的足迹和对国家做出的贡献。

(周振明)

发挥专长　治病救人

——"赤脚医生"李杏根

　　1965年6月6日，毛泽东主席指示："要把医疗卫生工作的重点放到农村去！""培养一大批农村也养得起的医生，由他们来为农民看病服务。"随后，城市医院的医生下乡巡回医疗，培养农村医疗人员便风起云涌，半农半医的农村医务人员大量产生。他（她）们积极做好疾病的预防工作，为农民看病，为缺医少药的农村做出了积极的贡献。

　　1968年夏天，上海《文汇报》发表了题为《从"赤脚医生"的成长看医学教育革命方向》的文章，同年9月出版的《红旗》杂志和9月14日的《人民日报》转载此文，随后，全国各大报刊纷纷转载。毛泽东主席看了此文后批示："'赤脚医生'就是好。"按此思路全国各县陆续组建了人民医院，公社则成立卫生院（嘉北公社于1963年成立卫生院），大队设立卫生室，构建了县以下农村三级医疗卫生体系，在大队卫生室工作的医务人员都是半农半医的"赤脚医生"。

　　所谓赤脚医生是指仍持农业户口，半农半医的农村医疗人员。"放下药箱下地，背起药箱出诊""一根银针治百病，一颗红心暖万家"是赤脚医生的真实写照。

　　1985年1月15日，《人民日报》发表《不再使用"赤脚医生"名称，巩固发展乡村医生队伍》一文,至此赤脚医生一词才消失。根据2004年1月1日起实行的《乡村医生从业管理条例》,由原先的赤脚医生要转变成乡村医生,必须经过相应的注册机构培训考试合格后,才能正式名义执照开业。

新城街道木桥港村的李杏根医生(1946年出生)回忆了他从18岁(1964年)开始至今的大队卫生员、赤脚医生、乡村医生之路,从中看出农村医疗卫生变迁历程。

从卫生员做起

1964年3月,只有小学四年级文化程度的李杏根,参加了嘉北乡卫生室的培训,学习了乙型脑炎、流行性脑炎、小儿麻痹症、百日咳、白喉、肺结核等常见病的初步知识,还学习了打预防针。培训以后,李杏根开始担任村里的卫生员,主要任务是防治血吸虫病,参加消灭钉螺工作和为村民打预防针。当时,村里没有卫生室,有什么工作,村里会发通知。原来村里已经有一位卫生员仲锦英(兼接生员),两人一起做好全村的医疗保健工作。

1967年9月,李杏根参加了第二次培训,时间是四个月,内容是学习预防接种,常见病、多发病的治疗。培训老师是嘉北公社卫生院的张九皋医士(后为嘉兴市第二医院肛肠科副主任医师,已退休)。培训地点在当时的三塔大队的一所学校里。全公社有二十多人参加培训,吃住在学校。培训以后,公社卫生院给每个大队发一些常用药,主要是磺胺类药、APC、阿托品、避暑药等。这次培训以后,李杏根可以为村民看些常见病,到施农药的时候,就背着药箱巡回田头,预防农药中毒或中暑。当时的报酬是工分,按实际工作日计算,每天10分,大队撕工票到生产队记分,参加年底分红,一般每工0.5元至0.8元。

当上了"赤脚医生"

1969年6月,嘉北人民公社把新兴(现木桥港村)、跃进(现沈家桥村)、为民(现金鱼桥村)三个大队合并成东方红大队。当时在杨家桥北块东侧建起三间草棚作为东方红大队卫生室（约100平方米），原新兴大队的李杏根、仲锦英，跃进大队的王苗荣、夏阿花，为民大队的吴有珍等五个卫生员集中到卫生室。嘉北人民公社卫生院派沈东芳医生任卫生室负责人。半年后，在杨家桥北塊西侧建起了两间平房（约80平方米），作为大队卫生室，条件得到了改善。

社员看病只要出五分钱挂号费，其余费用一律不用付。卫生室每月三次去嘉兴建华药房购买药品。当时东方红大队卫生室每月逢"9"进药，即9日、19日、29日（因为购药单位多，药房对需购药单位的购药时间作了统一安排），每次进药在几百元至千余元之间，药费由大队在公益金中支付。

赤脚医生的主要任务是出诊。社员生病，家属就赶到卫生室叫医生，医生背起药箱就上门。如发现重病，医生就护送病人到嘉兴医院。因为当时交通不便，用手摇船送嘉兴，要一个半小时以上，医生护送可以让病人放心。

每晚三位医生值班（睡在卫生室），如果晚上有病人也出诊。卫生室共六人（即五个赤脚医生加上卫生室负责人），隔一天就要值班，但谁都没有怨言。

卫生室的五个赤脚医生每天有一人回生产队劳动，保持"赤脚"本色。他们的报酬是工分，按本生产队的同等劳力计算，即男医生按男劳力每年的总工分数，女医生按女劳力每年的总工分数，参加生产队年终分红。生产队有好坏，每人的报酬也不同；生产队每年的收成不同，每人的报酬也年年有变化。李杏根最低一年的收入仅200元，但他也乐在其中。

1971年底，东方红大队又分为原来的三个大队。李杏根和仲锦英回到了新兴大队卫生室，还增加了仲福林、费有土和葛金木三位赤脚医生。卫生室设在大队办公室旁边，两间平房。

1976年1月至1977年1月，李杏根参加了浙江省嘉兴县赤脚医生大学培训（第三次）。培训班办在虹阳卫生院（现王江泾镇的虹阳镇），由嘉兴第二医院医生担任老师。培训内容是中西医、内外科，比较完整。学员先在虹阳卫生院实习,后到新塍人民医院实习,最后到嘉兴第二医院实习。经过长期的医疗实践和医疗知识的学习,李杏根已经成为当地群众十分信任的全科医师。他不但能用中西医治病,而且还能治疗毒蛇咬伤。一般常见病,他大多能在大队卫生室得到医治。如果遇到急病或重病,他就护送到嘉兴二院诊治。

1982年12月,李杏根参加了嘉北乡卫生院的培训(第四次),获得《乡村医生证》。

1982年底,农村实行改革,土地承包到户,原来的大队集体经济解体,农村合作医疗没有了经济支撑,自然结束了,卫生室也撤销了。1983年起,李杏根就在家办起了卫生室,受公社卫生院(1983年底后为乡卫生院)管理。家庭卫生室的主要任务与村卫生室一样,主要是做好全大队(村)的疾病预防工作和医治常见病。不同的是村民看病要付钱。卫生室进药仍到嘉兴建华药房,自负盈亏,靠收取挂号费、手术费、药费差价获得收入。农民看病虽然得付钱,但还是乐意去李杏根家看病。因为一是方便,李杏根还是出诊,不管白天还是晚上,去叫一声,他就会上门看病。如是重病、急病,他照常护送;二是医疗费便宜,去大医院看病花钱更多。当时,全乡各村都有这样的卫生室,李杏根的卫生室历年都被评为先进,因为来看病的人多,除了本村村民,还有沈家桥、金鱼桥的村民前来看病。

这种家庭卫生室维持到1997年5月。嘉北乡卫生院实行全乡医疗一体化管理,实行六个统一:人员调动统一,药品采购统一,管理制度统一,财务收费统一,考核分配统一,业务培训统一。李杏根的家庭卫生室又搬到村里。

1997年8月至1998年7月,李杏根参加了在嘉兴卫校举办的浙江省乡村医生各项业务知识系统培训(第五次)。回来后,继续在村卫生室工作。

2001年5月,嘉北乡卫生室集中设点,木桥港卫生室撤销,李杏根被分配到沈家桥村卫生室工作(卫生室的服务范围就是1982年的东方红大队的区域)。2002年随着沈家桥村划归王江泾镇管辖,医疗站也由王江泾卫生院接收管理。李杏根虽然是新城街道人,但仍留在该医疗站工作,直至2011年退休,退休后继续留站工作至今。

出名的"蛇医"

农村里毒蛇较多,农民被毒蛇咬伤,危及生命。当时农村缺医少药,农民又没有钱,一旦被毒蛇咬伤,只能请当地"蛇医"。李杏根在1965年就开始学"蛇医"知识。

1965年5月,嘉北公社的每个大队派一人参加公社诊所举办的治疗毒蛇咬伤培训班。培训内容,一是毒蛇的识别,毒蛇的头尖,呈三角形,无毒蛇的头呈圆形,毒蛇的齿印只有2个,无毒蛇的齿印多,呈"八"字形;二是学习清创、结扎;三是识别、采集中草药及如何敷料。公社诊所张九皋医士是培训老师,除了学习理论,他还带着学员去田间地头识别、采集中草药。

经过培训,李杏根获得了治疗毒蛇咬伤的知识。同年7月,他的妹妹被毒蛇咬伤,咬伤部位出现红肿,疼痛难忍,还出现复视等症状。李杏根采取清创、结扎等措施,迅速采集中草药为妹妹治疗。两天后,咬伤部位慢慢消肿,疼痛也减轻,10天后基本好转,妹妹作为第一个病人被他治愈。同年9月,妇女李寒奴在耘田时被毒蛇咬伤,他也用中草药治愈。实践的成功提高了他学习治疗毒蛇咬伤的信心,更加认真学习、专研治疗毒蛇咬伤的方法。平时,他有空就去田头地角看看,哪里有治疗毒蛇咬伤的中草药,就记在心里,便于急用时采集。他还试着种植中草药,一部分获得了成功。他治疗毒蛇咬伤常用的外敷中草药有半枝莲、半边莲、紫花地丁、野菊花、金银花、项开口等,如果内服,就加上蜈蚣、全蝎蝎、生大黄、蒲公英等。外敷每天换一次,内服每天二次。

1968年"双抢"期间(抢收抢种,7月中下旬),木桥港村4组村民钱海祥在割稻时误把蛇洞当作黄鳝洞,挖下去被毒蛇咬伤。"洞里蝮蛇"毒性很大,钱海祥立即视力模糊,被人们抬到家中。李杏根知道后迅速上门治疗,不到10天,基本治愈。1973年,大队里的一个10岁的小姑娘被毒蛇咬伤,连续昏迷四天,李杏根一面用中草药敷料,一面服用中草药,双管齐下,10天也基本治愈。1975年,江苏省盛泽镇的一位被毒蛇咬伤的农民半夜里来到李杏根家。李杏根立即用中草药治疗,七天后治愈回家。1985年,九里村的一位老人被毒蛇咬伤,年龄大,中毒深。抵抗力差,生命垂危,也被李杏根用中草药敷料和服药双管齐下的办法治愈。李杏根的"蛇医"出了名,看蛇医的人也多,现在已经记不得人数了。

后来,"蛇毒血清"等毒蛇咬伤药逐步增多,各大医院都能治疗毒蛇咬伤,李杏根就很少再治疗毒蛇咬伤。而在缺医少药的年代,用中草药治疗毒蛇咬伤,确确实实为老百姓带来了福音。

李杏根从乡村卫生员起步,经过多次培训,从"赤脚医生"到现在的"乡村医生"。他勤奋好学,认真仔细,在农村默默无闻地为农民看病服务,至今依然发挥着应有的作用。

（周振明）

著录人生　难能可贵

——"农民作家"陶文海

　　陶文海出生于1954年4月5日,出生地是原双南乡四家浜(现秀洲大道东侧的希尔顿酒店)。他于1960年上小学读书,1967年—1968年在原嘉北公社丰收大队第五生产队放牛,1969年读初中,1971年初中毕业后参加生产队劳动;1974年应征入伍,在沈阳空军39608部队服役,成为一名飞机定检员;1980年退伍回乡。1983年开始,历任原嘉北公社(乡)丰收大队(亭子桥村)党支部委员、村长、党支部书记;2014年退休后,先后在乡拆迁办、物业公司工作,2015年7月起,在嘉北街道人民调解委员会做专业调解员工作,一直至今。

　　陶文海的简历告诉我们,他是一个农民,初中文化程度。但是,他已经完成《我走过的路》(回忆录)这本书的创作。他说,我就是想把我一生是怎么走过来的,告诉后代,让他(她)们知道,社会发展的真实情况,从而去珍惜今天的幸福生活,热爱我们伟大的祖国,热爱伟大的中国共产党。

　　全书分"青少年时期""部队生活""退伍返乡""当上村干部""农村变城市""退而不休""战友情深""随笔和摘录"八章,前六章基本上按时间顺序写了他从一个放牛娃到军人、到村干部、人民调解员的经历;后两章写了他和战友一起旅游、联系和他平时摘录的东西。我们可以从这本书中看到嘉北亭子桥村(丰收大队)是怎么从单纯从事农业生产,到逐步发展副业、工业,以及逐步被开发,农户是怎么被拆迁,土地是怎么被征用,最后这里变成繁华的城市的全过程。全书约16万字。当然,我们还可以看到书中的主人翁是怎么读书、放牛,怎么在北国雪地出操,怎么在家乡成家立业,怎么组织村民修路、挖河,怎么配合开发,完成拆迁、征地工作……他艰苦奋斗、积极向上,有辛酸苦辣,有满满的幸福……

陶文海从2015年开始写这本书,到2020年基本完成,历时五年多。他就用一支笔,一个笔记本,写了两年多,后三年反复修改、补充,最后定稿。

陶文海的名字我早就熟悉,也知道他的爱好。2017年初,我送给他我写的《里仁桥畔水流声》一书。他告诉我,他在写回忆录,已经写了十多万字了,还讲了一些鲜为人知的故事给我听。我觉得非常有意思,就自告奋勇地说:"你写好后,我帮你修改整理。"到7月份,他便把已写好的手稿拿来了。

那是一本厚厚的笔记本,密密麻麻十多万字,字迹清楚,字也漂亮。我浏览了一遍,内容丰富,值得一看。但他想到哪里写到哪里,全文只有几个大标题,很少分段,要修改、整理,确实是一件难事。到年底,电子稿打好了,我就帮助整理。第一步,把他所写的内容安了许多小标题,每个小标题概括一两件事;第二步,把这些内容按章节进行初步安排;第三步,进行语句修改。修改的原则是尊重原作,保留他写的内容,只求达意即可。这样,经过三年多时间,完成了修改整理。

在三年多时间里,陶文海的认真、执着的精神深深地感动了我。我初步修改一遍,他就仔细阅读,反复纠正错误或需要增加内容,写成文字资料,让我再补进去。后来,他学会了电脑打字、复制、粘贴,就自己修改、自己补充。然后我再审阅,做一些文字的纠正或篇章的安排。最后进行版面的安排。这样的反复十多次,才初步定稿。

一个农民,初中文化程度,为什么能写出这样一本书? 这和他的生活习惯有密切的联系。陶文海一直有记笔记的习惯。在部队学习飞机机械知识时的学习资料、笔记本至今还完整地保留着；在担任大队（村）干部时，记的工作笔记有几十本（搬家时不小心遗失，他十分惋惜）；同时，对每次有意义的活动、旅游，他都做了详细记载。这一切，都为他写这本书提供了写作素材。其次，陶文海做什么事，都能持之以恒，有毅力。一旦决定要做的事，决不半途而废。他先手写那么多字，后来又反复地修改定稿，前后五年多时间，始终以饱满的热情，认真的态度，不懈的努力，坚持到底。我想，这不是一般人能做到的。所以，我在这本书的《前言》中写着："不管这本书写得好不好，这种精神就是可贵的财富！写书不是文人的专利，老大粗也能行！"

（周振明）

第四章
轶事趣闻

东汉遗迹　省级文保

——皇坟山墓群

据嘉兴市博物馆资料记载:"皇坟山古墓群地在嘉北乡木桥港二队,是一个土墩。南北长80米,东西宽60米,约4800平方米,像一座小山,当地俗称'皇坟山'。墩中曾出土大量汉砖,多素面,无纹饰、尺寸。1975年在掘地

嘉兴市人民政府立浙江省级文保单位皇坟山墓群碑

时在50厘米深处,发现东汉晚期五管壶一只。在出土地点作抢救清理,在深一米处发现残墓一座。出土有钟一只,陶灶一副,陶管九只,玉铢钱九斤。从出土文物情况分析,土墩系东汉墓葬群,规模较大,为研究东汉晚期嘉兴地方葬俗和政治、经济、文化等方面提供了实物资料。"

1981年皇坟山墓葬群列入市级文保单位,由嘉北乡木桥港村民委员会负责保护。后皇坟山墓葬群相继被嘉兴市园林管理处、市花木公司征用,种上了花草树木。2001年1月,列入省级文保单位。2019年,皇坟山墓葬群成为秀湖的一处领略汉风古韵的景点,与展现秀洲历史文化、民俗名人的秀博苑一起,凸显出秀湖的文化底蕴。

那么,皇坟山遗址是怎样发现的呢?笔者把自己了解的情况作以下回忆。

1975年,家住皇坟山东侧的青年农民高根木在皇坟山东坡种了一块地的番薯。高根木在挖番薯的时候,铁搭刺挖到了一样东西,怎么也挖不起来。他只好拔出铁搭刺,慢慢地挖开四周的泥,就看见比碗口还大的一个罐口。他非常奇怪,就继续挖开四周的泥,一个完整的陶罐(系双耳陶罐,现珍藏在市博物馆)就露了出来。他把这个陶罐里的泥倒出,洗干净,放在家里。后来笔者发现了这个陶罐,就动员高根木上交国家,因为这是地下文物,有价值。高根木爽快地答应了。于是,我们把陶罐装在麻袋里,扛到了嘉兴市博物馆。当时,褚国瑜馆长接待了我们。此罐的发现,引起了文保单位的重视。后来,根据高根木提供的地点,进行了挖掘,就挖出了上文所述的地下文物,经分析为东汉晚期墓葬群。

笔者参加了秀洲区第一次"非遗"普查工作,听到一些关于皇坟山的传说。木桥港村民董其荣曾听原南湖纪念馆书记钱通明说过(约1978年)皇坟山是孙权之墓,在江南一带有72个皇坟。使人不知道孙权葬在哪里。还说:孙权之兄孙策被人杀了头,只抢回躯体,安装了一个金头也葬在其中的一个皇坟内。此说是否仅是传说,希望通过有关渠道或查阅有关资料查清。

我小时候,看到皇坟山顶中华人民共和国成立前有一个望乡台,木结构,高10米左右。皇坟山南邻新塍塘,在皇坟山西南靠港边有一个石牌楼,山西边有一块十多亩地的空地,当时称为"牌楼头",附近一带大的庙会,演草台戏都在这里进行。皇坟山以西200米左右的新塍塘北有一座关帝庙,香火很旺,一直到"文革"期间才被拆除。皇坟山以西500米左右,有一个集镇,叫九里汇。

(周振明)

皇坟山墓葬群遗址

众力相护 "里仁为美"

——里仁桥保护记

据清光绪《嘉兴府志》卷五《桥梁》载:"里仁桥在秀水县北九里,名九里汇。道光八年(1828),里人钱茂华、仲井田募资重建。"《新塍镇志》也持此说,未提及重修重建事。

里仁桥系单孔石拱桥,南北横跨新塍塘,全长25米,宽2.62米,拱跨12米,拱矢高5.65米。拱圈用条石纵联并列分节砌成。另有长条石构成桥栏,方形望柱。桥南侧栏板已无存,北侧倾斜不全,存方形望柱五根。南北两侧各铺设台阶29级。桥顶两侧尚存栏板,桥额阳刻"里仁桥"。顶盘石中央有水涡图案。桥两侧各有阳刻楷书楹联,左联为"当年肇锡嘉名里仁为美,……重道年准涵旧章",右联为"沽酒一村人醉斜阳汇醉"下联已无法辨认。里仁桥历史悠久,规模较大,造型美观,做工考究,是当地重要的历史建筑,具有较高的历史和艺术价值。2009年公布为嘉兴市文保单位。

我在孩童时代,常常跟爷爷去九里汇喝早茶。一大早,我登上里仁桥顶,望东方,旭日东升,新塍塘水金光闪闪;趴在栏板上,看着桥洞下的水打着漩涡,泛着白花,滚滚东去,那情景永存脑海。那时的里仁桥完整无损,平整的石阶,整齐的栏板,十分安全。我从桥堍走到桥顶,一级一级地数石阶,可是从来没有数出一个准确数。

日月如梭,时光如水。孩童成了老人。2001年,我退休的前一年,参加了嘉兴市文保局在文华苑召开的文物工作会议。我的任务是调查登记嘉北街道区域内的古建筑。回来以后,我觉得这座里仁桥应该保护起来。因为自嘉兴到新塍的新塍塘上,原来有三里塘桥、大德桥、里仁桥、望仙桥(牛桥)、荫家桥等古石桥,现在只剩下这一座了。与其他几座桥相比,里仁桥最为牢固、壮观,保留下来,很有价值。所以,我就按照要求填写了登记表报嘉兴市文保局。事后,我忙于教学工作,也不去关心此事。

2004年的一天,我接到嘉兴市文保局的电话,问我去里仁桥往哪儿跑,我就告诉了他们。不久,嘉兴市电视台播放了有人要把里仁桥拆除,但群众反对,要保护古桥的信息。我才知道里仁桥险些被拆的情况。但从此以后,我也就开始遭到个别群众的指责和谩骂,有人甚至说要到我家来和我算账。我弄得莫名其妙,保护文物,是大家的事,再说,我也没那么大的权力,说保护就保护,骂我干什么?

后来,我去九里村和书记徐关金讲起这件事,才知道前因后果。

那时,木桥港村已经全部拆迁,秀洲大道也已建成通车,而九里村尚未拆迁,村民都以种蔬菜为生。当时,九里村全村已经铺了石子路,村民可以用自行车或三轮车装运蔬菜去象贤菜市场出售。可是通往秀洲大道的石子路在王家木桥略南。九里村南部的几十户村民要往北兜一个大圈子才能到秀洲大道,再到象贤菜场,十分不便。所以南部的村民都过里仁桥到菜场,路近了十分之八。再加上秀洲新区实验学校已经开学,这里的学龄儿童在这个学校上学,也要过里仁桥到学校。这里仁桥成了村民生产和生活的"拦路虎"。

当时的里仁桥破烂不堪,石阶被树根拱起,歪歪斜斜;两旁的石栏板没有几块,行走在石桥上十分危险。村民一大早去卖蔬菜,到了桥堍,先把蔬菜背过桥,再把自行车扛过去;送小孩上学,也要先把孩子扶过去,再扛自行车过桥。遇到下雨天,要小心翼翼,曾发生过几次事故。对于村民的困境,村党支部和村民委多次商量,苦于经济困难,不可能建造水泥平桥。正好那时乌镇开发,需要建造古桥,看中了里仁桥。他们和九里村商量,由他们来新建水泥平桥,拆除里仁桥。因为当时里仁桥虽然已经列入嘉兴市文保单位,但没有竖文保单位的牌子,也没有和九里村建立保护关系。所以九里村同意了。

这个方案还未实施,嘉兴市文保局知道了,就和电视台一起来到九里村。九里村一组村民边荣华、韩生等群众接受了采访。他们表示,新桥要造,老桥不能拆。当然,也有部分村民表示同意拆除里仁桥,因为这桥的存在,对他们的生产和生活实在太不方便了。由于文保单位的介入,里仁桥保留了下来。可是,九里村村民的生产和生活的"拦路虎"却依然存在。于是,当他们一走到里仁桥,就要骂:这都是周老师不好!个别人当面也骂,说不是共产党领导,早就把你打死了。

不久,九里村为了方便村民,做了两件事:一在石阶的中间浇了一条不到半米宽的水泥斜坡,自行车可以推上去,用不着背了;二是桥的两边安装了钢管栏杆,保证了行人安全。

对于九里村村民的实际情况是值得同情的,他们的抱怨也非常正常。虽然里仁桥是应该保护,但村民建造平桥的要求是合理的。我为做了这样的"恶事"而内疚。每当想起村民过桥的情景,心里很不安,想来想去,觉得应该向上级反映一下。于是我和九里村党支部书记徐关金商量,以九里村村民委出面,写一份报告给秀洲新区管委会,要求解决这一问题。我们提了三个方案:一是在里仁桥边建造简易水泥平桥;二是从九里一组向东开通一条简易水泥路,1000米左右,就可以到秀洲大道;三是从象贤的秀园路向北规划要造的大桥尽快动工。后来,秀洲新区给九里村也有答复,说是那座大桥马上就要动工。但又过了几年。

2014年,里仁桥修复一新,两侧的石阶全部吊离,挖去树根,重新安装;两边的栏板全部按原样新装。我站在里仁桥上,看着新塍塘水向东滚滚而去,完整而壮观的里仁桥依然横跨在这里岿然不动,心里觉得无比欣慰,过去的一切谩骂和抱怨都随之东去。但最应该感谢的是九里村党支部、村民委以及广大村民,他们为此而任劳任怨,历经千辛万苦。是他们的牺牲,才保住了这座古桥——里仁桥。

（周振明）

修复一新的里仁桥

忠义关帝　香火不绝

——关帝庙与牌楼头

　　皇坟山西面五百多米处有一座关帝庙。这座庙坐落在新塍塘北岸，对风浜口，坐北朝南三间大殿。大殿里正中坐着关帝菩萨，约三米多高，威风凛凛。左右两面是周仓和关平，是站着的，有两米多高。周仓的左边还有一个站着的关帝菩萨，也有两米多高。这个关帝菩萨在庙会时可以抬出去的。大殿的东边还有三间偏殿，是管庙人住的，或放一些物品，也可以让人们歇息。

　　大殿和偏殿前是一个大天井（院子）。左右两边和新塍塘北岸都砌好围墙。南面的围墙开一扇门，东面的围墙开一扇门。祭拜关帝的人大多从东门进入，摇船来的人从南门进入。

　　黄色的围墙，黑色的屋面，给人以庄重和肃穆的感觉。

　　最后一个管庙人叫"红头宝生"，是一个黑黑的老头，留着一根长辫子，还是清朝人的打扮。他以香客的布施或化缘为生。

　　说起红头宝生，还有一个小故事：红头宝生年轻时很穷，就住在庙里。当地人看他老实，就让他管庙。他勤勤恳恳，把庙管得干干净净。关帝菩萨保佑他，生活过得很不错。后来，有一个女香客看中了他。日久生情，两个人走到了一起，而且怀了孩子。红头宝生非常高兴，如果老年得子，有个后代,那真是菩萨保佑了。可是,不知怎么的,孩子掉了(流产)。红头宝生怪关帝菩萨不保佑他,竟然把菩萨打了一顿。泥菩萨不经打,脱落了很多。当地人只好把菩萨修好。从此,大家都不相信这个管庙人了。红头宝生的生活也每况愈下,随着文化大革命的破四旧运动,把这个庙拆了,菩萨也敲掉了。不久,红头宝生就死了。

这座庙是什么时候建造的,已无法考证,但怎么管理的,却有人知晓。

1949年前,九里汇有三家茶馆,其中有一家是张二毛开的。关帝庙的管理,他是发起人。张二毛死后,他的侄子张大男继承。具体的做法是这样的。

每年正月二十日,关帝庙举行开印仪式。发起人联络九里汇一带有一定地位的人(保长、大户人家),让他们捐米、捐钱。当天晚上,所有集资的人都到关帝庙吃晚饭。大家共同商讨关帝庙一年的活动,如举行庙会,庙宇维修等等。

农历每月初一、十五日,附近的老人(多为妇女)一早来烧香拜佛。

每年五月十三日,是关帝菩萨的生日。这是关帝庙一年中最热闹的一天,凡是信仰关帝菩萨的人从四面八方赶来。他们除了带香和蜡烛以外,还带米和菜,在关帝庙吃中饭。以此来为关帝菩萨过生日。

每年秋收前,在关帝庙和皇坟山之间的一块大荒地上举行庙会。

每年腊月二十日,举行封印仪式,也像正月二十日的开印仪式一样,所有集资的人都来聚餐一顿,以示一年的活动结束,同时也把一年的开支公布一下。

发起人除了联络、集资,主持开印、封印仪式外,平时只要关心一下就是了。具体庙里的一切事务还有红头宝生。

每年一次的庙会具体是这样搞的。

地点。上面提到关帝庙和皇坟山之间有一块大荒地。这块荒地有十多亩,南临新塍塘,东接皇坟山,北面是一条九里汇通往嘉兴的大路,西面就是关帝庙。靠新塍塘边,有一个石牌楼。石牌楼很简单,两根两米多高的石柱,上端各凿一条缝,嵌一块竖着的石板,像现在的足球门,就是还要高大得多。因此,这块荒地叫"牌楼头"。

这块荒地很平坦,平时就放放牛。每年的庙会就在这里举行。

时间。每年秋收前几天。田里黄澄澄的,稻谷飘香;地上绿油油的,菜蔬茁壮;路边香喷喷的,野菊花争相开放。辛苦了大半年的农民可以歇息几天以迎接秋收。这几天,秋高气爽,正是举行庙会的好时光。

资金来源。上面提到关帝庙每年正月二十日举行开印仪式集资了一些钱,但要用在庙会上是远远不够的。庙会范围大,须当时乡级的头面人物出面集资,才能解决问题。那时,种田必须养牛,没有牛就不可能种田。养牛的多少,决定了种田的多少,因此庙会的集资按牛计算。九里汇一带只要家里养牛就要出钱。一般一头牛一斗米或几个铜板。这些钱用于庙会的开支,但必须留下一部分钱,给每头牛买一根系牛的绳。

准备工作。有了资金,发起人就要找人搭戏台。戏台搭在牌楼的北面,朝北,然后联系好戏班子,都是京戏,最后确定日期。通知是用不到发的,只要吃早茶的时候说一下就是了。

庙会情景。戏班子上午就到,中午开始就热闹起来。四面八方的人们都来到牌楼头。周围各庙的菩萨纷纷抬来,当时叫作"出庙"。抬菩萨的人都是年轻人,大多是长工。这一天是他们出风头的日子。菩萨大多是木头做的,外面再裹上草包泥(用泥和稻草搅和在一起),做成人像,干了以后,再包装好,因此菩萨还是很重的。他们把菩萨放在轿里。菩萨有大有小,轿子也有大有小。小的轿子两个人抬,大的就要四个人抬了。抬菩萨这活儿不容易,当时都是很小的泥路,坑坑洼洼,菩萨又很重,而且要抬很长的路,力气小的人是干不了的。

菩萨来自四面八方,有陆路抬来的,也有水路运来的。

当时,庙是很多的。一般每座桥边都有庙,一个圩头有一座庙。比如,殷秀村有一个两三百米长的浜,两岸有五座庙,这个浜就叫作"庙浜"。由于大部分庙建在河边,所以有不少菩萨是从水路运来的。人们把菩萨先抬到船里,摇到新塍塘牌楼头,再把菩萨抬上岸。

菩萨抬到牌楼头后,还要来一场"抢轿"。实际上就是抬着轿子比赛,谁走得快。这更不容易了,因为走得快了,菩萨容易倒下来。所以不但要走得快还要走得稳。"抢轿"一开始,几座轿子同时出发,抬轿的人吆喝着向前冲去,观看的人呐喊助威,场面十分壮观。"抢轿"结束,菩萨都放在戏台的北面,排成整齐的一排,坐北朝南,让菩萨可以看戏。四面八方赶来的人就在菩萨的后面看戏。庙会非常热闹,小商人云集。卖吃的、卖穿的、卖玩的,应有尽有。有些年连续热闹三天。

(周振明)

劝人向善　莫生贪心

——牛吃漾的传说

原嘉北公社木桥港村西北和九里村东北、沈家桥村南有一个大漾，水面辽阔，碧波荡漾。这个漾就叫作牛吃漾，又叫牛溪漾。

为什么这个漾叫牛吃漾？老百姓有多种说法。有人说这个漾面的形状像牛头，有人说这个漾里有一头金牛，还上岸来吃过草呢！至于又叫牛溪漾，那是因为当地方言"吃"和"溪"同音，后来，在一次地名改革时变成了牛溪漾了。

这个漾里真的有一头金牛吗？有人看见它吃过草吗？当地流传着这样一个故事。

牛吃漾向南是一条河，直通新塍塘。这条河就叫木桥港。就在牛吃漾往南约一百多米处木桥港的东侧有一个二百多米长的小浜。小浜底有一户做豆腐的人家。老板每天一大早开始做豆腐，上午就挑出去卖，也有很多人到他家来买豆腐，生意兴隆。

有一年八月半的早晨，老板做好几板豆腐，放在家门口的稻场上。过了一会儿，老板看到有一块豆腐板的缝隙中长出一棵青草。他非常奇怪，这干干净净的豆腐板怎么会长出草来呢？他还来不及去拔掉它，草迅速长大，又绿又嫩。老板看得目瞪口呆，是不是自己的眼睛看错了？他叫来家人和伙计，大家确认是真的。

邻居和来他家买豆腐的也都看到了。草越长越大，赶来看的人也越来越多。这件事迅速传开，传到一位识宝大师耳朵里。他很快赶来，一看就要把这整板豆腐买下来，并说愿意出一两黄金。

豆腐老板奇怪了，这板豆腐只值几个铜板，出了一棵草就那么值钱。他问识宝大师："你为什么要花那么多钱买下这板豆腐？"识宝大师实话相告："今天晚上子时前，北面那个漾里有一头金牛要来吃这棵青草，若能捉住它，价值连城。"没等识宝大师说完，豆腐老板就说："不卖！不卖！"他想，一头金牛，可不得了啦，怎么可以一两黄金就卖掉？豆腐老板再也不听识宝大师的话了，识宝大师也只好自顾自走了。

晚上，老板吩咐家人和伙计躲在屋里或隐蔽的地方，生怕金牛看见人多不敢来。他乐滋滋地想：今天我要发大财了。

半夜未到，只见北面漾中金光万丈，金牛果然走上岸，径直向豆腐老板家走来。大家既高兴又担心，高兴的是金牛真的来了，担心的是能不能捉住它。

金牛很快向青草走来，鼻子上穿的牛绳也是金的。金牛一口咬住青草嚼了起来。这时，老板大喝一声："快捉住它！"众人连忙赶了出来，拉住牛绳（金链条）。金牛发现有人，扭头就往漾中走去。它的力气特别大，不管有再多的人，也拉不住它。大家拼命拉着金链条不肯放，不但拉不住，反而被金牛拉着走了。

老板一看苗头不对，看来捉不住这头牛了。他急中生智，连忙拿了一把劈柴刀，赶上去拉住金链条用力砍了下去。本来他想多砍一点，由于牛跑得快，只砍下很短的一截。金牛就拖着牛绳走向漾中，沉入水中不见了。

老板心想，今天总算还好，金牛捉不到，金链条砍下一节，也不算白忙一阵。掂掂手中的金牛绳，足有好几两，比卖给识宝大师好得多。可是，当他正在高兴时，发觉手指疼痛难忍，仔细一看，一个手指在流血。原来，当他用力砍牛绳时，刀锋一滑，连自己的手指也砍进去了。

老板连夜请郎中止血包扎，可是这手指老是不收疤，到后来，整个手指糜烂。老板只好去外地求名医治疗。医药费加盘缠不知花了多少钱，就是看不好。最后，只有把那截金牛绳卖了继续治病。那钱花完了，手指也治好了。

有一天，那个识宝大师又一次路过豆腐店，问豆腐老板有没有捉住金牛？老板哭丧着脸说："金牛捉不住，手上斩了一刀，病还刚刚看好。"识宝大师问："你们是怎么捉的？"豆腐老板如此这般地说了一遍。识宝大师说："错了，错了。那天我忘了跟你们说捉金牛的方法。可惜！可惜！"豆腐老板问："怎么捉法？"识宝大师说："因为金牛是非常圣洁的，所以它要吃豆腐板上长出的草。这头金牛有一个特点，就是怕脏怕臭。当金牛上岸后，马上在它的后面浇上大粪，让它没有退路。半夜子时一过，金牛回不了漾，就不会动了。"

豆腐老板后悔不已，说："当时把那板豆腐卖给你，我也能得到一两黄金。现在什么也没得到，反而吃了一次大苦头。""天意，天意！"识宝大师一边说一边走了。

从此，大家知道这漾里有一头金牛，还上岸来吃过草呢！这个漾也就叫它牛吃漾。

（周振明）

彰显义行　御书匾额

——"义庄村"村名传说

义庄村位于现秀洲区新城街道北部，占地1.46平方千米。现全村都已拆迁，建起义庄新村。

中华人民共和国成立以来，由于形势的需要，村名曾多次更名：中华人民共和国刚成立时为双南乡永德村，与木桥港村合并后改为双南乡十二代表区；合作化时，建立嘉北乡第十五高级社；公社化时与亭子桥村合并为亭子桥大队，1961年分为义庄、丰收两个大队，文化大革命时改名立新大队；1968年与丰收大队、人民大队合并为三红大队，1971年又分开仍名立新大队；1981年复名为义庄大队，1984年改名义庄村。

为什么多次更名，最后还是复名为义庄村呢？因为这个村境内有一个根据乾隆皇帝御笔题词而命名的"义庄"自然村。这个自然村位于现在石臼漾湿地北郊河以西，东升西路以南区域。关于"义庄村"村名的来历，笔者早有所闻，但不知其详。因地名普查的需要，作了一番深入的调查。这里，把调查所得整理如下。

据《嘉兴市地名志》记载："义庄，人口96人，又名王家村。据传，清乾隆年间，村中大户王氏曾开仓济贫，被朝廷褒奖为义行，村遂被称为义庄。"

笔者根据此记载，在义庄村访问了多名王姓村民，说法大同小异，都确认他们的祖先曾有此事。

1932年出生的王关元叙述。王家的祖先原居河北省,明朝末年在朝廷做官,因得罪皇帝而遭满门抄斩,所幸有一对夫妻带一子逃出。他们途经山东时因带着小孩逃难不便,就把儿子弃于山东,继续南下到达杭州。杭州他们有一姑夫在当地做官,但怕走漏风声,就让他们到嘉兴隐居。这对夫妻就到了嘉兴北门外(现在的义庄村)居住下来。

经历磨难的夫妻俩勤奋耕种,生儿育女,家境渐好,建好了房屋。他们看到当地种植麻类非常普遍,就做起了麻籽生意。因为当时的绳索要靠麻类制作,还有大量麻袋、麻布等都要用麻编织,麻类制品是人们生活、生产的必需品。当地种植的麻类主要有两种:一种叫络麻,较长,割下后,可以马上剥皮,晒干,多用于制造绳索;另一种叫红麻,较短,割下后去叶、晒干,藏于家中,待需要时浸入河中一天一夜即可剥皮,再晒干,多用于编织麻布、麻袋。这对夫妻主要做红麻籽生意。他们从外地购进麻籽,供应当地种麻农户(据说当时桐乡濮院一带种植非常普遍,都到他们家买麻籽)。由于生意兴隆,王家一发而不可收,几代下来便成了当地大户,这个村庄也就叫王家村。

清乾隆年间,江南蝗灾严重,皇帝派钦差大臣下江南赈灾。由于灾害严重,所带的赈灾银两不足。王家知道了,就主动捐出大量银两。钦差大臣回朝后向乾隆皇帝汇报了此事。乾隆在一次下江南到嘉兴时召见了王家人,问他要不要做官,王家人说不要;问他要不要银两,王家人也说不要。最后王家人提出要乾隆皇帝题词留作纪念。乾隆皇帝当即挥毫写下"义行"两字,后制作两幅巨匾赠予王家。

为什么要制作两幅巨匾?因为当时王家已在他家的东南建有住宅,后人称为"南义庄"。南北两庄各用一块。

从此,这王家村因乾隆皇帝题词"义行"的村庄,就得名"义庄"。

南义庄的一块在一次大火中被烧掉,北义庄的一块保存了下来,一直到文化大革命时期。

这块匾的样子很多人都说见过,其中王家的后人王福观(1932年出生)最清楚。

　　王福观在十多岁时就开始把这块匾当作床板,一直睡到26岁。因为时过境迁,这皇帝所赐的匾不当作什么宝贝了,放在王福观家里,上门的字也被磨平,字迹模糊。

　　据王福观回忆,这块板长约2米,宽约80厘米,厚约10厘米。中间是一整块木板,四周拼上木条作为框子。框上都有三条纹理,做工精细。整块板都用生漆漆成,中间黑中透红,框子黑中透黄,虽历经二百多年,还有光泽。木板十分坚硬。文化大革命时,这种封资修的东西当然在销毁之列。王福观便把这块板劈了当柴烧。他说,四周的框子特别牢,刀劈下去,这些生漆会一粒一粒爆开来。整块木板的面都用麻布包着,再油漆,很难劈开。

　　王家人靠做麻籽生意富裕起来,建造了北义庄,又建造了南义庄,还向当时的嘉兴城区发展。王福观的同房前辈王巧官就到嘉兴南门丝行街建房开店,也做麻籽生意,据说在南门小有名气。王福观孩童时曾去吃王巧官女儿的结婚酒,当时场面很大。后来,他们不再来往,现在已经不知道下一代的情况。

　　　　　　　　　　　　　　　　　　　　　　　　　　(周振明)

后 记

　　嘉北这片土地上从古至今应当说有着无数的故事,徐元观先生的《难忘乡愁——嘉北故事》,率先用文字的形式,讲述嘉北的风土人情,倾吐对嘉北的厚爱深情。

　　赵忠良先生与周振明先生均为老嘉北人,由幼及壮及老,一个多甲子来感受着嘉北这片泥土的芬芳。作为秀洲区政协文史研究员,他们将身之所历、目之所见、耳之所闻的嘉北故事,以文史叙述的方式撰成《记住乡情——嘉北故事二》,分列《岁月印记》《亲历亲闻》《人物采撷》《轶闻趣事》等篇章。字里行间,充满着对嘉北真挚的情怀。

　　《记住乡情——嘉北故事二》一书,由嘉兴市秀洲区政协教科卫体与文化文史学习委员会、嘉兴市秀洲区嘉北街道办事处联合编纂出版。嘉兴市秀洲区政协副主席陆志芬任编辑委员会主任,嘉兴市秀洲区政协教科卫体与文化文史学习委员会主任陈雅琴、中共秀洲区嘉北街道党工会副书记朱沈娟任主编。编辑委员会成员为(按姓氏笔画为序)叶加、陈乐彬、林荣、武静、周振明、姚铭、赵忠良、高有林、莫凯艳、韩建忠。《记住乡情——嘉北故事二》一书的出版,是嘉北街道文化事业的一件盛事,是献给中国共产党百年华诞的一份厚礼。

讲嘉北的故事，少不了关于地域的话题。1956年嘉北乡域有耕地42598亩，差不多30平方公里。本书所讲的故事，即基于这个"老嘉北"的范围内展开。就时间跨度而言，更多的是以20世纪为背景。为了避免与徐元观先生所述重复，故舍去了把某一事情非交代清楚不可的想法。如《境域沿革略述》中关于分布于各村域的许多自然村，就不予赘述。至于若干篇章中偶尔与徐先生所述重叠，则是基于行文所需，但视角不同。

讲嘉北故事，挖掘本地域中有过的一些人、事、物，使人们得以了解本地域的地情、民情，得以了解本地域历史发展概貌，为后人保留一些尽管是零碎的、但有价值的历史资料。讲好嘉北故事，传承历史文化，这便是本书之初心所在。

随着社会的发展，城市的建设以及行政区划的调整，嘉北的区域逐渐缩减，但并不意味着嘉北的故事会减少。相反，行进在新时代的行列中，经济腾飞、安居乐业的嘉北，必将有更加丰富更加精彩的故事代代传扬。

本书中的部分史料照片由嘉兴老摄影人庞艺影、杜镜宣提供，最后，对在本书编纂、出版过程中给与帮助的各界人士一并表示感谢！同时，对本书不当之处，敬请读者批评指正！

图书在版编目(CIP)数据

记住乡情：嘉北故事二 / 嘉兴市秀洲区政协文教卫体与文史委员会，嘉兴市秀洲区人民政府嘉北街道办事处编．-- 北京：北京燕山出版社，2021.6
ISBN 978-7-5402-6109-2

Ⅰ．①记… Ⅱ．①嘉… ②嘉… Ⅲ．①区(城市)－地方史－嘉兴 Ⅳ．①K295.55

中国版本图书馆CIP数据核字(2021)第116141号

记住乡情——嘉北故事二

责任编辑	金贝伦	
装帧设计	书道闻香	
编　　者	嘉兴市秀洲区政协文教卫体与文史委员会	
	嘉兴市秀洲区人民政府嘉北街道办事处	
出版发行	北京燕山出版社	
社　　址	北京市丰台区东铁匠营苇子坑138号	
电　　话	010—65240430	
邮政编码	100079	
经　　销	全国新华书店	
印　　刷	杭州万星印务有限公司	
开　　本	710mm×1000mm　1/16	
字　　数	215千字	
印　　张	16.25	
版　　次	2021年6月第1版	
印　　次	2021年6月第1次印刷	
书　　号	978-7-5402-6109-2	
定　　价	48.00元